Sarah Schädeli
Jeden Tag 1%
Machs-dir-leicht Nr. 1

Sarah Schädeli

JEDEN TAG 1%
DEIN KOMPASS FÜR WACHSTUM, KLARHEIT & INNERE FREIHEIT

Bibliografische Information der Deutschen Nationalbibliothek: Die Deutsche Nationalbibliothek verzeichnet diese Publikation in der Deutschen Nationalbibliografie; detaillierte bibliografische Daten sind im Internet über http://dnb.dnb.de abrufbar.

Verlag: BoD · Books on Demand GmbH, Überseering 33, 22297 Hamburg, bod@bod.de

Druck: Libri Plureos GmbH, Friedensallee 273, 22763 Hamburg

ISBN: 978-3-8192-9587-4

INHALTSVERZEICHNIS

📖 VORWORT

An dich, die du dieses Buch in den Händen hältst.

Vielleicht hat dich etwas gerufen.
Ein Bedürfnis. Eine Sehnsucht. Eine Ahnung, dass es an der Zeit ist.
Zeit, dich selbst wieder zu spüren. Zeit, still zu werden. Zeit, innerlich zu wachsen.

Dieses Buch ist kein Lehrbuch.
Es ist eine Einladung. Eine Reise. Ein Raum, in dem du dir selbst begegnest – mit allem, was da ist.
Es begleitet dich durch 100 Tage – durch Klarheit und Chaos, durch Erkenntnis und Stille, durch Mut, Weichheit, Wahrheit und Wandlung.
Es fragt nicht: Wer sollst du sein?
Sondern: Wer willst du sein? Wer bist du, wenn du ganz bei dir bist? Wie willst du es haben?

Du brauchst kein Vorwissen, keinen perfekten Plan.
Nur dich.
Deine Bereitschaft, zu spüren. Zu schreiben. Zu sein.
Manchmal einen kleinen Schritt.
Manchmal einen großen.
Aber immer in deinem Tempo.

Ich wünsche dir, dass dieses Buch zu einem stillen Ort wird, an den du täglich zurückkehren kannst.
Nicht, um dich zu verändern – sondern, um dich zu erinnern.
An deine Kraft.
An deine Tiefe.
An deine Freiheit.

🦋 Tag 1: Wer bin ich wirklich?

Vielleicht ist es schon eine Weile her, dass du dir diese Frage gestellt hast: Wer bin ich eigentlich – wirklich?
Nicht als Mutter, Freundin, Kollegin, Tochter oder Partnerin.
Nicht in deiner Rolle im Alltag oder in der Art, wie andere dich sehen.
Sondern als du – roh, echt, pur. Ohne Filter.

Die meisten von uns leben in einem Bild von sich selbst, das aus Erfahrungen, Erwartungen und Zuschreibungen zusammengesetzt ist.
Schon als Kind lernen wir, was an uns „richtig" oder „falsch" ist – je nachdem, wie die Welt auf uns reagiert. Und irgendwann übernehmen wir diese Sicht auf uns selbst als Wahrheit. Wir glauben, wir sind so: zu laut, zu sensibel, zu fordernd, zu still, zu wild.

Doch tief in dir gibt es einen Anteil, der frei ist von all dem. Einen inneren Raum, in dem du einfach nur bist.
Nicht weil du etwas tust – sondern weil du bist.
Dort lebt deine Intuition. Dein wahres Selbst. Deine Essenz.

Vielleicht hast du dich in den letzten Jahren verändert. Vielleicht hast du dich sogar ein wenig verloren, als du anderen gerecht werden wolltest.
Aber du kannst jederzeit zurückkommen.
Zurück zu dem Gefühl, in dir selbst zu Hause zu sein.

„Wer bin ich wirklich?" ist keine Frage, die du heute beantworten musst.
Sie ist ein Kompass. Eine Einladung. Ein Anfang.

Wenn du dir erlaubst, dieser Frage Raum zu geben, beginnt ein Prozess der Rückverbindung – mit deinem inneren Kern. Und aus dieser Verbindung wächst etwas Wunderbares: Klarheit. Selbstrespekt. Und echte, kraftvolle Veränderung.

Heute geht es nicht darum, etwas an dir zu reparieren.
Heute geht es darum, dich wieder zu sehen.

Und vielleicht, ganz leise, zu spüren: Ich war die ganze Zeit da.
Ich habe nur vergessen, hinzuhören.

✎ Übung: Brief an dein inneres Ich

Schreibe heute einen Brief an dich selbst – nicht an dein „funktionierendes Ich", sondern an die Person, die unter allem lebt.
Sprich dich darin an wie eine Freundin, die du lange nicht mehr gesehen hast.
Beginne mit:

„Liebe (dein Name), ich sehe dich. Ich weiß, dass du manchmal…"*

Lass deinen Herz-Stift schreiben – ohne Erwartungen.

📃 Zitat des Tages

„Die wichtigste Beziehung in deinem Leben ist die zu dir selbst."
– Diane von Fürstenberg

⟳ Mini-Challenge

Verbringe heute 10 Minuten nur mit dir. Kein Handy, kein Buch, kein Tun.
Setze dich bequem hin und frage dich leise:

„Wer bin ich – jenseits von allem, was ich tue?"
Atme. Lausche. Sei da.

◇ Tag 2: Werte erkennen und leben

Was treibt dich im Innersten an? Was ist dir wirklich wichtig – nicht weil andere es sagen, sondern weil es sich in dir richtig anfühlt?

Deine Werte sind wie ein innerer Kompass. Sie helfen dir, Entscheidungen zu treffen, Prioritäten zu setzen und dein Leben in eine Richtung zu lenken, die sich echt anfühlt.
Doch oft sind unsere Werte gar nicht unsere eigenen. Sie wurden übernommen – von der Familie, aus der Schule, durch Medien, durch Erfahrungen.
„Sei erfolgreich", „Sei immer für andere da", „Du musst stark sein" – solche Botschaften nisten sich ein, ohne dass wir je geprüft haben, ob sie zu uns passen.

Wenn du deine wahren Werte nicht kennst, kann es passieren, dass du dich fremd im eigenen Leben fühlst.
Du funktionierst. Du tust, was „man eben so tut". Aber innerlich fehlt der Sinn.
Dann kommen Zweifel auf, Orientierungslosigkeit oder das nagende Gefühl: Da müsste doch mehr sein.

Und genau deshalb ist dieser Tag so kraftvoll.
Heute beginnst du, deinen inneren Kompass wiederzuentdecken.
Du nimmst dir den Raum zu spüren: Was ist für mich wirklich wesentlich? Was ist unverhandelbar? Und was fühlt sich zutiefst stimmig an?

Ein gelebter Wert erzeugt inneren Frieden. Du spürst ihn im Körper: als Ruhe, Kraft oder Stimmigkeit.
Wenn du z. B. Wahrhaftigkeit lebst, brauchst du dich nicht mehr verstellen. Wenn du Freiheit lebst, atmest du weiter.

Wenn du Verbundenheit lebst, fühlst du dich zugehörig – ohne dich verbiegen zu müssen.

Werte sind nicht starr. Sie verändern sich mit deinem Leben. Was dir heute wichtig ist, war vielleicht vor fünf Jahren noch unwichtig – und das ist okay.
Was zählt, ist deine Ehrlichkeit zu dir selbst. Heute. Hier.

✍️ Übung: Mein Werte-Kompass

Wähle spontan 5 Werte, die dich besonders ansprechen. Nimm dafür entweder deine eigenen Worte – oder aus dieser Liste:

Freiheit – Ehrlichkeit – Liebe – Mut – Kreativität – Leichtigkeit – Vertrauen – Verbundenheit – Entwicklung – Humor – Dankbarkeit – Selbstbestimmung – Achtsamkeit – Sicherheit

Reduziere dann auf 3 Kernwerte.
Schreibe zu jedem:

- Warum dieser Wert wichtig für dich ist
- Wann du ihn schon einmal bewusst oder unbewusst gelebt hast

---

📋 Zitat des Tages

„Wenn du deine Werte nicht lebst, wirst du das Leben anderer leben."
– Roy T. Bennett

⟳ Mini-Challenge

Triff heute eine Entscheidung oder Handlung ganz bewusst im Einklang mit einem deiner Kernwerte.
Spür den Unterschied: Du bist auf deinem Weg.

⟳ Tag 3: Die Macht der Gewohnheiten

Veränderung beginnt nicht mit einem großen Neuanfang.
Sie beginnt im Kleinen – in deinen täglichen Entscheidungen,
deinen unbewussten Mustern, in dem, was du immer wieder
tust, oft ohne es zu merken.

Denn dein Leben ist im Grunde die Summe deiner
Gewohnheiten.
Was du morgens zuerst tust. Wie du sprichst – mit dir selbst und
mit anderen. Wie du isst, denkst, gehst, entscheidest.
All das formt dich. Nicht über Nacht, sondern Tag für Tag.
Und das Gute ist: Du kannst deine Gewohnheiten bewusst
gestalten.

Viele glauben, Gewohnheiten zu ändern sei schwer. Aber der
Schlüssel liegt nicht im riesigen Willen – sondern im richtigen
Einstieg.
Eine neue Gewohnheit sollte so klein sein, dass du sie nicht
ignorieren kannst.

Wenn du z. B. mehr Bewegung willst – dann fang nicht gleich mit
dem 10-km-Plan an. Fang an, 5 Minuten zu tanzen. Wenn du dich
gesünder ernähren willst – trink erst mal ein großes Glas Wasser
am Morgen.

Dein Gehirn liebt Wiederholung. Es speichert alles, was du
regelmäßig tust, als „normal". Und je öfter du eine
unterstützende Gewohnheit wiederholst, desto stärker wird der
Automatismus.

Gleichzeitig darfst du liebevoll hinschauen: Welche
Gewohnheiten nehmen dir Kraft?
Nicht mit Selbstkritik – sondern mit Ehrlichkeit.

Ist es das endlose Scrollen am Abend, das dir Ruhe raubt? Oder das ständige Multitasking, das dich zerreißt?

Heute ist ein Tag der sanften Erkenntnis: Du musst nicht alles auf einmal ändern.
Aber du darfst heute beginnen. Mit einem einzigen, machbaren Schritt.

 Übung: Gewohnheiten-Inventur

Erstelle zwei Listen:

1. Unterstützende Gewohnheiten
(z. B. Wasser trinken, Stille, Bewegung, Journaling, bewusstes Atmen)

2. Hinderliche Gewohnheiten
(z. B. Handy im Bett, zu wenig Pausen, sich selbst übergehen)

Wähle eine neue Gewohnheit, die du morgen beginnen willst – so klein wie möglich.
Und eine alte, die du liebevoll ersetzen möchtest.

📋 Zitat des Tages

„Motivation bringt dich in Gang. Gewohnheit hält dich am Laufen."
– Jim Rohn

⟳ Mini-Challenge

Beginne heute mit deiner neuen Mini-Gewohnheit – z. B. 2
Minuten Stretching, 1 Glas Wasser, 5 bewusste Atemzüge.
Feier dich dafür – es ist ein Start!

🎯 Tag 4: Ziele richtig setzen – SMART!

Ziele sind wie Wegweiser – sie geben deinem Leben Richtung. Doch damit ein Ziel wirklich motiviert, muss es greifbar sein. Viele Menschen formulieren Ziele zu vage: „Ich will gesünder leben", „Ich will mehr Zeit für mich", „Ich will glücklicher sein."

Klingt gut – aber dein Gehirn versteht das nicht. Es braucht Klarheit. Struktur. Und ein konkretes Bild.

Genau dafür gibt es die SMART-Methode:
Ein Ziel ist SMART, wenn es:

- Spezifisch ist (Was genau willst du?)
- Messbar ist (Woran erkennst du Erfolg?)
- Attraktiv ist (Willst du es wirklich?)
- Realistisch ist (Passt es zu deinem Leben?)
- Terminiert ist (Bis wann willst du es erreichen?)

Ein Beispiel: Statt „Ich will mehr Sport machen" → „Ich gehe ab sofort zweimal pro Woche 30 Minuten spazieren – für mehr Energie."

Ziele dürfen Freude machen. Sie sind kein Zwang – sondern eine bewusste Einladung an dein zukünftiges Selbst.
Und sie dürfen sich verändern. Denn du wächst. Und mit dir dürfen sich auch deine Prioritäten verändern.

Wichtig ist: Dein Ziel sollte dich dir selbst näherbringen – nicht dich weiter von dir entfernen.

Heute darfst du ein Ziel formulieren, das nicht nur gut klingt – sondern dich stärkt, weil es zu dir passt.

✍ Übung: SMART dein Ziel formulieren

Wähle ein Ziel, das dir am Herzen liegt – aber bisher zu unklar
war.
Formuliere es SMART, z. B.:

„Ich schreibe ab kommender Woche jeden Montag- und
Donnerstagabend 30 Minuten an meinem Buch – bis Ende Mai."

Schreibe auch dein „Warum" auf:

„Weil ich meiner Kreativität Raum geben will."

📜 Zitat des Tages

„Ein Ziel ohne Plan ist nur ein Wunsch."
– Antoine de Saint-Exupéry

🔄 Mini-Challenge

Schreib dein SMART-Ziel heute sichtbar auf – z. B. auf einen
Zettel, an den Kühlschrank oder in dein Handy.
Mach den ersten kleinen Schritt – heute.

💪 Tag 5: Selbstvertrauen aufbauen

Selbstvertrauen ist nicht das Gefühl, alles zu können.
Es ist die Gewissheit, dass du mit allem, was kommt, umgehen kannst.
Es wächst nicht durch Gedanken – sondern durch Erfahrungen.

Jedes Mal, wenn du dich traust, einen Schritt zu gehen – trotz Unsicherheit –, wächst dein Vertrauen in dich selbst.
Jedes Mal, wenn du sagst: „Ich probiere es einfach", auch wenn dein Herz klopft, wird dein innerer Boden stabiler.

Viele Frauen warten auf den Tag, an dem sie sich sicher genug fühlen, um loszugehen.
Aber dieser Tag kommt nicht von selbst.
Er kommt, weil du losgehst.

Du brauchst keine Garantie, dass alles klappt. Du brauchst nur den Mut, dir selbst eine Chance zu geben.

Selbstvertrauen entsteht nicht durch perfekte Leistung.
Es entsteht durch Selbstrespekt. Durch das Gefühl: Ich bin für mich da – auch wenn ich scheitere.

Heute darfst du zurückschauen auf Momente, in denen du mutig warst.
Erinnere dich daran: Du hast schon so viel gemeistert.
Du trägst Kraft in dir – du hast sie nur manchmal vergessen.

Und wenn du heute einen kleinen Schritt machst – einen mutigen, echten, ehrlichen –, wird dein Vertrauen wachsen.
Nicht irgendwann.
Sondern jetzt.

✎ Übung: Meine Stärke-Momente

Erinnere dich an 3 Situationen, in denen du mutig, stark oder stolz warst.
Was hast du getan? Wie hast du dich danach gefühlt?

Formuliere 3 kraftvolle Sätze, z. B.:

„Ich bin zuverlässig für mich."
„Ich wachse mit jedem Schritt."
„Ich bin stärker, als ich denke."

📃 Zitat des Tages

„Du bist mutiger, als du glaubst, stärker, als du scheinst, und klüger, als du denkst."
– A. A. Milne (Winnie-the-Pooh)

🔄 Mini-Challenge

Tu heute eine Sache, die dir Respekt abverlangt – und feiere dich danach.
Auch kleine Schritte zählen. Vor allem die.

Tag 6: Die ideale Morgenroutine gestalten

Wie du in den Tag startest, entscheidet oft darüber, wie du ihn erlebst.

Der Morgen ist mehr als nur der Beginn eines neuen Tages – er ist der Moment, in dem du dich entweder bewusst mit dir verbindest oder dich sofort in äußere Ablenkung begibst. Und genau hier liegt eine ungeahnte Kraft: die Kraft des bewussten Einstiegs.

Stell dir deinen Morgen wie den ersten Ton in einem Musikstück vor. Ist dieser Ton klar, ruhig und stimmig, folgt ihm meist ein harmonischer Klang. Ist er jedoch gehetzt, schief oder gestört, zieht sich diese Spannung oft durch den ganzen Tag.

Die gute Nachricht ist: Du musst nicht zwei Stunden früher aufstehen oder eine „perfekte" Morgenroutine einführen, um etwas zu verändern.

Es geht nicht um Dauer, sondern um Präsenz.

Viele Menschen wachen auf und greifen als Erstes zum Handy. Nachrichten, Mails, Push-Mitteilungen – der Tag beginnt im Außen. Noch bevor du richtig wach bist, bist du schon im Reaktionsmodus.

Doch der Morgen gehört dir. Und wie du ihn gestaltest, ist eine tägliche Entscheidung, die dein ganzes Lebensgefühl beeinflusst.

Eine gute Morgenroutine bedeutet nicht, einem starren Schema zu folgen. Sie ist vielmehr ein liebevoller Rahmen, in dem du dich selbst wiederfinden kannst, bevor der Tag dich einholt.

Sie darf sich je nach Lebensphase, Stimmung und Jahreszeit verändern – aber eines sollte sie immer tun: dich zu dir zurückbringen.

Die Essenz einer wirkungsvollen Morgenroutine liegt darin, mit dir selbst in Verbindung zu treten.

Vielleicht durch Bewegung, vielleicht durch Stille. Vielleicht durch Musik, Journaling, Meditation oder einen Spaziergang. Vielleicht ist es ein Glas warmes Wasser am offenen Fenster oder ein kurzer Blick in den Himmel.

Es sind oft die kleinen Dinge, die große Wirkung entfalten – wenn du sie bewusst tust.

Eine ideal abgestimmte Morgenroutine kann:

- deinen Geist zentrieren
- deinen Körper wecken
- deine Prioritäten klären
- deine Energie ausrichten
- dein Selbstwertgefühl stärken

Und das alles in nur 10–20 Minuten.

Wichtig ist: Deine Routine darf zu dir passen. Wenn du keine Frühaufsteherin bist, brauchst du keinen 5-Uhr-Plan. Wenn du Kinder hast, brauchst du Flexibilität. Es gibt keine Universallösung – nur deine persönliche Morgenkultur.

Und genau die darfst du heute entwerfen.

Nimm den Morgen als Einladung:
Du darfst bewusst beginnen. Sanft. Klar. Und in deinem Tempo. Du darfst dir selbst zeigen: Ich bin es wert, gut in meinen Tag zu starten.

✎ Übung: Mein Morgen-Mix

Stell dir deinen idealen Morgen wie ein wohltuendes Ritual vor.
Was sind 3–5 kleine Elemente, die dich in Verbindung mit dir
bringen?Hier ein paar Inspirationen:

- 1 Glas Wasser oder Tee in Stille
- 5–10 Minuten Bewegung (Stretching, Yoga, Tanzen)
- Schreiben (z. B. 3 Dinge, auf die du dich freust)
- Kurze Meditation oder Atemübung
- Kein Handy in der ersten Stunde
- Sonnenlicht, Fenster öffnen, Musik hören

Gestalte deinen persönlichen Morgen-Mix und schreib ihn auf.
Wie viel Zeit brauchst du dafür? Was ist jeden Tagmöglich – und
was vielleicht nur manchmal?

📄 Zitat des Tages

„Gewinne den Morgen, und du gewinnst den Tag."
– Hal Elrod

🔄 Mini-Challenge

Steh morgen 15 Minuten früher auf – nur für dich.
Wähle 1–2 Elemente aus deinem Morgen-Mix und probiere sie
aus.
Spüre, wie sich dein Tag verändert, wenn du mit dir selbst
beginnst.

🌙 Tag 7: Abendrituale für besseren Schlaf

Der Abend ist nicht das Ende des Tages. Er ist die Brücke zur Erneuerung.
In dieser Übergangszeit darfst du alles ablegen, was du heute getragen hast – Gedanken, Sorgen, Aufgaben, Masken.
Wie du deinen Tag beendest, beeinflusst nicht nur deinen Schlaf, sondern auch deine emotionale Verarbeitung, deine Regeneration und den Start in den nächsten Tag.

Viele Menschen rauschen durch den Abend wie durch den Tag: Bildschirmzeit bis in die Nacht, „noch schnell" E-Mails checken, Netflix im Halbschlaf.
Doch unser Körper braucht eine klare Botschaft: „Es ist okay, jetzt loszulassen."

Schlaf ist ein Geschenk, das du dir selbst machen darfst. Kein Notfallmodus, kein „irgendwann falle ich um", sondern ein bewusstes Hinübergleiten in die Ruhe.
Ein liebevoll gestaltetes Abendritual kann dir helfen, genau das zu kultivieren: einen inneren Übergang vom Denken ins Spüren, vom Tun ins Sein.

Dein Abendritual muss nicht kompliziert sein.
Aber es darf heilig sein – in dem Sinn, dass du es bewusst und nur für dich gestaltest.

Vielleicht ist es ein warmes Getränk bei Kerzenschein, ein paar Zeilen in deinem Journal, eine sanfte Dehnung im Bett, leise Musik oder eine Atemübung.
Vielleicht sprichst du leise aus, was du heute loslässt. Oder du ziehst eine Karte, zündest eine Kerze an, oder atmest tief durch mit einem inneren: „Danke, ich habe mein Bestes gegeben."

Was auch immer dein Ritual wird – es soll dich in die Stille führen.
Es soll dein Nervensystem beruhigen, deinen Körper entspannen und deine Seele erinnern: Du darfst ruhen. Du musst nicht mehr stark sein. Du darfst dich sinken lassen.

 Übung: Mein Abendritual gestalten

Nimm dir ein paar Minuten und beantworte:

- Wie verbringe ich meine Abende derzeit?
- Was tut mir wirklich gut?
- Welche 2–3 kleinen Schritte würden mir helfen, sanfter in die Nacht zu gleiten?

Stelle dir dann dein persönliches Abendritual zusammen – z. B.:

- Handy aus ab 20:30 Uhr
- Tee trinken in Stille
- Dankbarkeit aufschreiben
- Licht dimmen
- 3 tiefe Atemzüge vor dem Einschlafen

📄 Zitat des Tages

„Schlaf ist die beste Meditation."
– Dalai Lama

↻ Mini-Challenge

Schalte heute 1 Stunde vor dem Schlafengehen alle Bildschirme aus.
Gestalte ein Abendritual – auch wenn es nur 15 Minuten sind.
Beobachte: Wie schläfst du – und wie wachst du morgen auf?

⏳ Tag 8: Zeitmanagement – Was zählt wirklich?

Du hast nicht zu wenig Zeit. Du hast nur viele Dinge, die um deine Aufmerksamkeit ringen. Und by the way haben wir alle 24 Std. 😉
Termine, To-dos, Erwartungen, Nachrichten, spontane Ablenkungen – jeder Tag ist ein Labyrinth aus Möglichkeiten. Doch mittendrin gibt es einen leisen Ort, an dem du dich fragen darfst: Was ist jetzt wirklich wichtig?

Zeitmanagement klingt oft trocken, nach Effizienz und Planung. Doch in Wahrheit ist es etwas viel Tieferes: eine Entscheidung darüber, wie du leben willst.

Wenn du nicht selbst wählst, was Priorität hat, wird es jemand anders für dich tun.
Dann bestimmst nicht du deinen Tag – sondern dein Kalender, dein Posteingang, dein innerer Antreiber.
Und plötzlich hast du das Gefühl, nie „genug" zu sein. Nicht genug geschafft, nicht genug Ruhe, nicht genug Kontrolle.

Doch echte Klarheit entsteht nicht durch ein volles Zeitmanagementsystem – sondern durch Fokus.
Und Fokus heißt: Weniger – aber bewusster.

Es gibt eine kraftvolle Methode, um dich selbst liebevoll zu sortieren: Die 3-Zonen-Aufteilung nach Wichtigkeit.

1. Wichtig & dringend: Dinge, die sofort erledigt werden müssen – z. B. Fristen, Krisen, notwendige Gespräche.
2. Wichtig, aber nicht dringend: Deine Herzensprojekte, Erholung, Bewegung, Kreativität, Selbstfürsorge.
3. Nicht wichtig: Ablenkungen, Perfektionismus, ständiges Checken, andere zufriedenstellen, endloses Scrollen.

Die Wahrheit ist: Wir verbringen viel zu viel Zeit in Zone 3 – und zu wenig in Zone 2.
Warum? Weil Zone 2 keinen Druck macht. Aber sie ist genau dort, wo dein Wachstum geschieht.

Wenn du heute anfängst, Raum für das zu schaffen, was dir wirklich wichtig ist – auch wenn es nur 30 Minuten am Tag sind – , veränderst du dein ganzes Leben.
Nicht über Nacht. Sondern Tag für Tag, Entscheidung für Entscheidung.

Du brauchst keine neue Zeit. Du brauchst nur neue Klarheit.

✍ Übung: Die 3-Zonen-Aufteilung

Schreibe deine aktuellen Aufgaben, Projekte, Aktivitäten auf – ganz spontan.
Ordne sie dann den drei Zonen zu:

1. Wichtig & dringend
2. Wichtig, aber nicht dringend
3. Nicht wichtig

Wähle aus Zone 2 eine Sache, die dir am Herzen liegt – und plane sie morgen bewusst ein.
Werde dir bewusst, dass deine Energie dahin geht wo du deinen Fokus hast – keine Zeit, oder genügend Zeit für alles was du gerne tun möchtest!

📋 Zitat des Tages

„Es ist nicht zu wenig Zeit, die wir haben – sondern zu viel, die
wir nicht nutzen."
– Lucius Annaeus Seneca

🔄 Mini-Challenge

Streich heute eine unwichtige Tätigkeit – und nutze die
gewonnene Zeit, um etwas zu tun, das dich stärkt oder dir
Freude macht.

🚫 Tag 9: Digitale Entgiftung – Hol dir deine Aufmerksamkeit zurück

Wie oft greifst du am Tag zum Handy?
Wie oft „nur kurz", und eine Stunde ist vorbei?
Wie oft checkst du E-Mails, Nachrichten oder Social Media, ohne dass du es bewusst wolltest?

Digitale Medien sind kein Feind – sie verbinden uns, geben uns Zugang zu Wissen, Inspiration und Gemeinschaft.
Aber sie sind auch mächtige Werkzeuge – programmiert, um dich zu binden. Nicht weil du schwach bist, sondern weil sie genau dafür gemacht wurden.

Jede Benachrichtigung, jeder Like, jedes Scrollen aktiviert dein Belohnungssystem. Ein kurzer Dopamin-Kick – und dein Gehirn will mehr.
Das Ergebnis: Du verlierst Fokus, Präsenz und manchmal sogar das Gefühl für dich selbst.

Digitale Überreizung führt zu innerer Unruhe, Schlafstörungen, kreativer Leere und dem Gefühl, „nie richtig anzukommen".
Und genau hier setzt digitale Achtsamkeit an:
Nicht radikal abschalten – sondern bewusst entscheiden, wann du online bist. Und wann nicht.

Digitale Entgiftung ist kein Verzicht – sondern eine Rückverbindung mit dir selbst.
Du bekommst deine Aufmerksamkeit zurück. Und mit ihr: Klarheit, innere Ruhe, kreative Kraft.

Heute geht es nicht darum, dein Handy wegzuwerfen – sondern um einen neuen Umgang:
bewusst, gezielt, respektvoll gegenüber deinem Nervensystem.

✍ Übung: Digital-Check & neue Gewohnheit

1. Schätze: Wie oft entsperrst du dein Handy am Tag?
2. Welche Apps ziehen dich immer wieder rein?
3. In welchen Situationen nutzt du das Handy als Ablenkung (z. B. Langeweile, Stress, Einsamkeit)?

Dann beantworte:

- Wann wäre eine gute Offline-Zeit für mich?
- Was könnte ich stattdessen tun – für mich?

Schreibe eine neue Gewohnheit auf, z. B.:

„Ich schalte mein Handy ab 20 Uhr in den Flugmodus."
„Ich beginne den Tag ohne Bildschirm."

📑 Zitat des Tages

„Die Fähigkeit, sich nicht ablenken zu lassen, wird zur Superkraft unserer Zeit."
– Cal Newport

⟳ Mini-Challenge

Verbringe heute 2 Stunden bewusst offline.
Stell dir einen Wecker – und nimm wahr, was du spürst, wie du
dich bewegst, was auftaucht.
Was verändert sich, wenn du nicht sofort reagierst?

⚖️ Tag 10: Die 80/20-Regel – Mehr Wirkung, weniger Aufwand

Kennst du das Gefühl, den ganzen Tag beschäftigt gewesen zu sein – aber trotzdem nichts wirklich Wichtiges geschafft zu haben?
Willkommen in der Welt der „versteckten Zeitfresser".

Das Pareto-Prinzip (auch 80/20-Regel genannt) besagt:
80 % deiner Ergebnisse kommen von 20 % deiner Aktivitäten.

Das bedeutet: Du kannst mit deutlich weniger Aufwand viel mehr bewirken, wenn du erkennst, welche Tätigkeiten wirklich Wirkung erzeugen.

Und umgekehrt: Du verschwendest vermutlich 80 % deiner Energie auf Dinge, die dich kaum weiterbringen – aber viel Raum fressen.

Das können endlose Meetings sein, ewiges Optimieren, Perfektionismus, ständiges Kontrollieren oder das Gefühl, immer „verfügbar" sein zu müssen.

Die große Einladung heute lautet:
Finde deine 20 % mit maximaler Wirkung. Und schenke ihnen mehr Aufmerksamkeit.

Denn das ist nicht nur effizient – das ist selbstfürsorglich.
Denn wenn du klar weißt, was zählt, darfst du auch bewusst „Nein" sagen zu allem anderen. Heute geht es darum, deine Energie strategisch einzusetzen – nicht, um mehr zu leisten, sondern um das zu tun, was dich wirklich erfüllt.

✐ Übung: Wirkung erkennen

Erstelle zwei Listen:

1. High-Impact-Aktivitäten:
Was bringt dir in kurzer Zeit spürbar viel? (z. B. Bewegung, kreatives Arbeiten, 1:1-Gespräche, Fokus-Zeit)

2. Low-Impact-Aktivitäten:
Was kostet viel Zeit, bringt aber wenig? (z. B. Multitasking, Scrollen, Grübeln, unnötige Meetings)

Dann beantworte:

- Welche eine Sache aus Liste 1 möchtest du in den nächsten 3 Tagen bewusst priorisieren?

📃 Zitat des Tages

„Tu weniger – und erreiche mehr."
– Tim Ferriss

🔄 Mini-Challenge

Streich heute eine Low-Impact-Aufgabe.
Nutze diese Zeit stattdessen für eine High-Impact-Aktion – und spüre, wie sich dein Energielevel verändert.

🐾 Tag 11: Die Kraft von Pausen – Warum Innehalten der wahre Fortschritt ist

Pausen gelten oft als „Luxus", als etwas, das man sich erst verdient, wenn man genug getan hat.
Viele Frauen tragen tief in sich ein altes Programm: „Ich darf erst ruhen, wenn alles erledigt ist."
Doch was, wenn gerade im Innehalten die größte Kraft liegt?
Was, wenn Pausen kein Rückschritt, sondern der wahre Schlüssel zu Klarheit, Regeneration und sogar Kreativität sind?

Dein Körper, dein Geist, dein Nervensystem brauchen Phasen des Abschaltens – genauso wie Aktivität.
Dein Herz schlägt in Wellen: Anspannung und Entspannung.
Dein Atem kommt und geht.
Dein ganzes Wesen ist auf Rhythmus ausgelegt – nicht auf Dauerfeuer.

Aber wir haben gelernt, das Pausieren mit Faulheit gleichzusetzen.
Wir denken, wir müssten „produktiv" sein, um wertvoll zu sein.
Und so hetzen wir durch den Tag, durch die Woche, durch das Leben – immer beschäftigt, immer verfügbar, immer in Bewegung.

Doch inneres Wachstum geschieht nicht im Tun allein.
Es geschieht im Nachspüren. Im Raum dazwischen.
Pausen sind der Ort, an dem Gedanken sich setzen, Erkenntnisse entstehen, Gefühle integriert werden können.
Ohne Pause kein Verstehen. Ohne Pause keine Klarheit. Ohne Pause kein wahrer Fortschritt.

Auch dein Körper zeigt dir das: Wenn du nicht ruhst, kommt die Erschöpfung.

Wenn du nicht innehältst, schickt dir das Leben Signale – über Spannung, innere Unruhe, Schlafprobleme oder emotionale Überforderung.

Deshalb ist es heute Zeit für eine neue Haltung: Pausen als Akt der Selbstachtung.

Nicht als Lücke im Zeitplan – sondern als bewusste Entscheidung, dich mit dir zu verbinden.

Eine Pause muss nicht lang sein.

Sie kann 5 Minuten Atem, ein Blick aus dem Fenster, ein Spaziergang ohne Handy sein.

Oder 10 Minuten einfach sitzen – ohne Input, ohne Ziel.

Du wirst staunen, wie viel sich in wenigen Minuten verändert, wenn du wirklich anwesend bist.

Heute darfst du erkennen: Du bist kein Roboter. Du bist ein fühlender, atmender, schöpferischer Mensch.

Und du brauchst Räume der Stille, um dein Inneres zu hören.

✎ Übung: Mein neuer Pausen-Rhythmus

Beantworte für dich:

- Wie sieht mein aktueller Umgang mit Pausen aus?
- Wann ignoriere ich meine inneren Pausen-Signale?
- Was tut mir wirklich gut, wenn ich zur Ruhe komme?

Dann gestalte bewusst deinen neuen Pausen-Rhythmus:

- Wie oft am Tag willst du innehalten?
- Wie lange dürfen deine Pausen sein?
- Welche Form (Stille, Bewegung, Musik, Schreiben...) nährt dich am meisten?

Schreib dir 3 konkrete Mini-Pausenideen auf, die du heute ausprobieren willst.

 Zitat des Tages

„Pausen sind kein Luxus. Sie sind ein Grundbedürfnis."
– Claudia Hammond

🔄 Mini-Challenge

Plane heute drei bewusste Pausen à 5–10 Minuten ein.
Setze einen Timer – und tu in dieser Zeit nichts „Produktives".
Nur da sein. Nur atmen. Nur du.
Beobachte, wie du dich danach fühlst – körperlich und geistig.

📝 Tag 12: Erfolgsjournaling – Klarheit durch Schreiben

Manche Gedanken sortieren sich erst, wenn du sie aufschreibst.
Dein Kopf kann hunderte Impulse gleichzeitig verarbeiten – aber dein Herz braucht Raum. Struktur. Stille.
Und genau hier entfaltet Journaling seine tiefe Kraft.

Es ist mehr als ein Trend oder eine schöne Routine – Journaling ist eine Form von Selbstkontakt.
Wenn du schreibst, sprichst du mit dir selbst. Und mit jedem Satz, den du zu Papier bringst, klärst du deine Gedanken, erkennst Muster und bringst Ordnung in das, was dich innerlich bewegt.

Gerade Frauen, die viel geben, viel fühlen, viel tragen, erleben oft, dass sich innere Spannungen aufbauen – einfach, weil der Raum fehlt, um all das zu verarbeiten.
Schreiben ist ein Ventil. Eine Entlastung. Und gleichzeitig ein Spiegel.

Du musst kein „Tagebuch führen", um zu journaln.
Es geht nicht um schöne Sätze, sondern um ehrliche Worte.
Dein Journal ist der Ort, an dem du nicht funktionieren musst. Du darfst wütend, traurig, müde, dankbar oder voller Zweifel sein – genau wie du bist.

Besonders kraftvoll ist das sogenannte Erfolgsjournaling.
Es richtet den Blick bewusst auf das, was funktioniert, was gewachsen ist, was du geschafft hast – unabhängig von äußeren Maßstäben.

Denn viel zu oft übersehen wir unsere kleinen Siege.
Wir streichen durch, was erledigt ist, und denken: Weiter!
Nächstes Ziel!
Doch was wäre, wenn du heute innehältst und sagst: Ich sehe,
was ich geschafft habe. Ich erkenne meine Entwicklung. Ich
würdige mich selbst.

Schreiben hilft dir, genau das zu tun.

 Übung: Dein Erfolgsjournal starten

Schreibe dir heute bewusst auf:

1. Drei Dinge, die du heute geschafft hast – egal wie klein
2. Eine Situation, in der du stolz auf dich warst
3. Etwas, das du über dich gelernt hast
4. Eine Sache, die du morgen mit Freude wiederholen willst

 Zitat des Tages

„Schreiben ordnet das Denken. Und manchmal auch das Leben."
– Julia Cameron

 Mini-Challenge

Führe heute Abend ein 5-Minuten-Erfolgsjournal.
Nimm dir Stift und Papier – und schreibe auf, worauf du heute

stolz bist.
Du wirst erstaunt sein, wie viel da ist.

🏃 Tag 13: Bewegung im Alltag – Energie durch kleine Schritte

Du bist nicht gemacht, um den ganzen Tag zu sitzen.
Dein Körper will sich bewegen, will spüren, will fließen.
Nicht, weil du etwas leisten musst – sondern weil Bewegung Leben ist.

Und trotzdem haben viele von uns genau das verlernt: sich frei und selbstverständlich zu bewegen.
Wir verbinden Bewegung mit Sportprogrammen, Fitnesszielen, Kalorien und Anstrengung.
Aber in Wahrheit beginnt heilsame Bewegung im Kleinen.

Dein Körper braucht keine Perfektion – er braucht Regelmäßigkeit.
5 Minuten Stretching am Morgen. Ein Spaziergang in der Mittagspause. Ein paar Hüftkreise in der Küche, während der Tee zieht.
All das ist keine Nebensache – es ist Selbstregulation, Erdung, Vitalität.

Dein Lymphsystem funktioniert nur durch Bewegung.
Dein Nervensystem beruhigt sich durch rhythmische Aktivität.
Dein Gehirn wird klarer, wenn du gehst.
Dein emotionaler Zustand verändert sich, wenn du atmest und dich dehnst.

Bewegung ist nicht nur körperlich – sie ist seelisch.
Wenn du in Bewegung kommst, kommst du auch innerlich in Fluss.

Heute darfst du die Idee loslassen, dass du „mehr Sport" brauchst.
Stattdessen: Finde deine eigene, sanfte, machbare Form von Bewegung im Alltag.
Nicht um abzunehmen, zu optimieren oder zu genügen – sondern um zu leben.

🖋 Übung: Mein Bewegungsprofil

Beantworte:

- Wie viel bewege ich mich im Alltag aktuell – ehrlich betrachtet?
- Was tut mir gut, wenn ich in Bewegung bin?
- Welche Art von Bewegung fühlt sich nicht wie Zwang, sondern wie Freiheit an?

Dann notiere 3–5 Mikro-Moves, die du täglich einbauen kannst:

z. B. 10 Minuten Spazierengehen, Treppe statt Lift, Tanzen zu 1 Song, Schulterkreisen vorm PC, bewusster Atem beim Gehen

---

📑 Zitat des Tages
„Nichts bewegt sich – bis du dich bewegst."
– Maya Angelou

⟳ Mini-Challenge

Füge heute drei Mini-Bewegungseinheiten in deinen Alltag ein – egal wie klein. Und beobachte: Was verändert sich in deiner Stimmung, in deinem Denken, in deinem Körper?

🎨 Tag 14: Kreativität freisetzen – Deine innere Quelle zum Fließen bringen

Kreativität ist keine Fähigkeit für ein paar besondere Menschen – sie ist ein natürlicher Teil deiner menschlichen Natur.
Sie zeigt sich nicht nur beim Malen, Schreiben oder Musizieren, sondern auch im Kochen, im Denken, im Problemlösen, im Gestalten deines Lebens.

Du bist kreativ – weil du lebst.
Und trotzdem glauben viele Frauen, sie seien „nicht kreativ".
Warum? Weil sie ihre Kreativität nur dann ernst nehmen, wenn sie sichtbar, verwertbar oder perfekt ist.
Doch das ist ein Missverständnis.

Kreativität ist kein Wettbewerb. Sie ist ein innerer Fluss – manchmal sanft, manchmal wild, manchmal still.
Sie entsteht, wenn du deinem Innersten Raum gibst. Raum zum Entfalten. Raum zum Ausprobieren. Raum zum Scheitern – und trotzdem weiterzumachen.

Wenn du kreativ bist, bist du verbunden: mit dir selbst, mit deiner Intuition, mit dem gegenwärtigen Moment.
Und genau deshalb ist sie so kraftvoll.
Kreativität heilt, weil sie dich zurück in deine Lebendigkeit bringt.

Vielleicht ist deine Kreativität leise: ein Blick fürs Schöne, eine Idee beim Spazierengehen, ein kleines Gedicht am Handy, das niemand sieht.
Oder sie ist wild: du tanzt, du kritzelst, du baust, du singst.
Es gibt kein Richtig oder Falsch. Nur das, was dich lebendig macht.

Heute geht es nicht darum, ein „Werk" zu schaffen.
Sondern darum, die Tür zu öffnen. Und deine innere Künstlerin einzuladen.

✍️ Übung: Kreativraum öffnen

Beantworte für dich:

- Wann war ich zuletzt kreativ – auf meine Weise?
- Was hat mich früher kreativ werden lassen – als Kind, Jugendliche, in anderen Lebensphasen?
- Welche kreative Ausdrucksform ruft gerade in mir?

Jetzt:

- Plane dir 20 Minuten ein – heute oder morgen – für eine spontane, zweckfreie Kreativzeit.
- Wähle, was dich ruft: Farben, Worte, Bewegung, Musik, Improvisation…

Mach einfach. Ohne Ziel. Ohne Bewertung.

📄 Zitat des Tages

„Kreativität beginnt dort, wo der Mut größer ist als die Angst, nicht gut genug zu sein."
– Unbekannt

🔁 Mini-Challenge

Nimm dir heute 15 Minuten kreative Zeit, ganz ohne Ziel.
Male, schreibe, singe, koche, tanze – was auch immer.
Nicht für andere. Nicht für Likes. Nur für dich.

Tag 15: Rückblick & Integration – Was du schon alles in dir trägst

Wie oft hältst du inne, um auf das zu blicken, was du schon gemeistert hast?
Wir sind schnell im „Was fehlt noch?", „Was muss besser werden?" – aber selten im „Was habe ich gelernt?", „Worauf kann ich stolz sein?".

Doch echte Veränderung braucht Integration.
Und Integration braucht Rückblick.
Nicht um in der Vergangenheit zu bleiben – sondern um den Weg zu ehren, den du schon gegangen bist.

Du bist nicht dieselbe Frau wie vor einem Jahr.
Du hast erlebt, gelernt, losgelassen, dich neu entdeckt.
Vielleicht war nicht alles leicht – aber du bist hier.
Und allein das ist ein Zeichen deiner inneren Stärke.

Ein liebevoller Rückblick ist wie ein inneres Aufräumen:
Du erkennst, was du mitnehmen willst – und was du getrost zurücklassen darfst.
Du siehst Muster, Themen, Wendepunkte – und findest den roten Faden deiner Entwicklung.

Heute darfst du bewusst anerkennen, wie weit du schon gekommen bist.
Denn du gehst nicht „neu" los – du gehst weiter. Und du trägst schon alles in dir, was du brauchst.

✍ Übung: Mein persönlicher Rückblick

Nimm dir 15–30 Minuten und beantworte in deinem Journal:

- Was waren in den letzten 3 Monaten (oder dem letzten Jahr) meine größten Lernfelder?
- Welche inneren Stärken habe ich entwickelt oder wiederentdeckt?
- Welche Erfahrungen möchte ich hinter mir lassen?
- Welche möchte ich integrieren?

Abschlussfrage: Was nehme ich aus dieser Reflexion mit in meinen nächsten Schritt?

📑 Zitat des Tages

„Der Blick zurück zeigt uns nicht nur, wo wir waren – sondern auch, wie weit wir schon gegangen sind."
– Unbekannt

🔄 Mini-Challenge

Schreibe heute einen Brief an dein vergangenes Ich – z. B. an dich selbst vor einem Jahr.
Erkenne an, was du getragen, gewagt, geschafft hast.
Und lies ihn dir laut vor.

🌸 Tag 16: Dankbarkeit kultivieren – Der Schlüssel zur Fülle

Dankbarkeit ist mehr als ein schöner Gedanke – sie ist eine Haltung, die dein ganzes Leben verändern kann.
Nicht, weil sie Probleme verschwinden lässt. Sondern weil sie deinen Blick auf das richtet, was schon da ist.

Wenn du beginnst, bewusst zu danken – für kleine Dinge, für alltägliche Momente, für innere Entwicklungen –, öffnet sich etwas in dir.
Dein Fokus verschiebt sich: vom Mangel in die Fülle, von „es reicht nicht" hin zu „ich bin gehalten".
Und dieses Gefühl verändert nicht nur deine Stimmung – es verändert deine Realität.

Dankbarkeit ist eine Praxis.
Du musst sie nicht „fühlen", um sie zu leben – aber wenn du sie lebst, wirst du sie irgendwann tief in dir spüren.

Du kannst dankbar sein für eine warme Tasse Tee, für einen Sonnenstrahl, für ein Lächeln.
Du kannst danken für eine gelöste Situation – oder für deine Kraft, durch eine ungelöste hindurchzugehen.

Und je öfter du Dankbarkeit kultivierst, desto mehr erkennst du:
Das Leben ist nicht immer leicht. Aber es schenkt dir jeden Tag etwas.

Heute darfst du dir diesen Blick bewusst erlauben – nicht als spirituellen Zwang, sondern als innere Einladung.

✍ Übung: Mein Dankbarkeitsritual

Schreibe heute 10 Dinge auf, für die du im Moment dankbar bist
– egal wie groß oder klein.
Dann beantworte:

- Was verändert sich in meinem Körper, wenn ich diese
  Liste betrachte?
- Wie kann ich Dankbarkeit regelmäßig in meinen Tag
  einbauen?

Optional: Beginne ein Dankbarkeitsjournal mit 3 Einträgen pro
Tag – morgens oder abends.

📃 Zitat des Tages

„Nicht die Glücklichen sind dankbar. Die Dankbaren sind
glücklich."
– Francis Bacon

🔄 Mini-Challenge

Sage heute einem Menschen aus vollem Herzen Danke –
schriftlich, mündlich oder still im Herzen.
Und beobachte: Was macht das mit deiner Verbindung – zu dir,
zum Leben, zu anderen?

💬 Tag 17: Positive Selbstgespräche – Wie du deine innere Stimme neu ausrichtest

Wir alle führen täglich Hunderte von Gesprächen – mit anderen, mit dem Leben, mit dem Kalender, mit dem Chaos.
Aber das wichtigste Gespräch ist das, das du mit dir selbst führst.
Denn diese innere Stimme begleitet dich ständig: in deinen Zweifeln, in deinen Entscheidungen, in deinen leisen Momenten.
Sie kommentiert, bewertet, treibt an – oder bremst dich.

Doch hier kommt das Entscheidende: Du bist nicht diese Stimme.
Du bist die, die sie hören kann.
Und deshalb kannst du sie verändern.

Viele Frauen haben einen inneren Kritiker, der jahrelang trainiert wurde: durch Erziehung, Leistungsideale, Enttäuschungen, Vergleiche.
„Das war nicht gut genug."
„Ich hätte mehr tun müssen."
„Ich krieg das nie richtig hin."

Diese Sätze erscheinen manchmal so vertraut, dass wir sie für Wahrheit halten.
Doch sie sind Gewohnheiten – keine Tatsachen. Und jede Gewohnheit lässt sich verändern.

Positive Selbstgespräche bedeuten nicht, dir ständig Affirmationen aufzusagen, während du dich im Spiegel anlächelst.
Es geht darum, deinen inneren Ton bewusst umzuprogrammieren.
Vom Zweifel in die Ermutigung.

Vom Druck in die Freundlichkeit.
Von „Ich muss" zu „Ich darf."

Du kannst lernen, dir selbst so zu begegnen, wie du einer
Freundin begegnen würdest: ehrlich, klar, mitfühlend.
Und das verändert alles.

Denn dein innerer Dialog beeinflusst dein Energielevel, deine
Entscheidungen, deine Beziehungen – und letztlich dein ganzes
Lebensgefühl.

Heute beginnst du, diese Stimme bewusst wahrzunehmen – und
zu verändern.

🖎 Übung: Die Stimme in mir

Beobachte im Laufe des Tages deinen inneren Dialog.
Notiere typische Sätze, die du dir sagst – besonders in
herausfordernden Momenten.

Frage dich dann:

- Würde ich das auch zu einer guten Freundin sagen?
- Wenn nicht: Was wäre eine ermutigende, wahrhaftige
  Alternative?

Schreibe 3 neue positive Selbstsätze, die sich ehrlich und kraftvoll
anfühlen – z. B.:

„Ich darf Fehler machen und trotzdem wertvoll sein."
„Ich lerne. Ich wachse. Ich bin auf dem Weg."
„Ich bin nicht perfekt – aber präsent."

📋 Zitat des Tages

„Sei achtsam, wie du mit dir sprichst. Du hörst zu."
– Unbekannt

🔄 Mini-Challenge

Sag dir heute mindestens dreimal bewusst einen deiner neuen positiven Sätze – am Spiegel, beim Gehen, vorm Schlafengehen. Sprich ihn laut – und spür ihn im Körper.

✵ Tag 18: Rückschläge als Lernchance – Wie du Umwege in Kraft verwandelst

Rückschläge fühlen sich selten gut an.
Sie sind frustrierend, enttäuschend, manchmal sogar schmerzhaft. Und sie triggern einen tiefen Impuls in uns: Flucht, Aufgeben, Selbstkritik.
„Schon wieder nicht."
„Ich bin einfach nicht dafür gemacht."
„Das war ja klar."

Doch Rückschläge sind nicht das Gegenteil von Fortschritt – sie sind Teil davon.
Kein Wachstum verläuft linear. Kein Mensch entwickelt sich ohne Stolpern. Und keine mutige Entscheidung ist frei von Risiko.
Was uns langfristig stärker macht, ist nicht, dass alles klappt – sondern wie wir mit dem umgehen, was nicht klappt.

Vielleicht war da ein Projekt, das du nicht vollendet hast.
Eine Idee, die nicht gefruchtet hat.
Ein Wunsch, der sich nicht erfüllt hat.
Und du fragst dich: Was soll ich daraus lernen?

Die Antwort ist: Alles, was du brauchst.
Denn in jedem Rückschlag steckt eine Lektion. Eine Einladung.
Nicht, um dich zu bestrafen – sondern um dich tiefer zu dir selbst zu führen.

Manchmal zeigt dir ein Rückschlag, wo du dich verrannt hast.
Manchmal zeigt er dir, dass du auf dem richtigen Weg bist – aber mit den falschen Mitteln.
Und manchmal zeigt er dir schlicht, dass du mehr Mitgefühl mit dir brauchst.

Heute darfst du die Geschichte neu schreiben:
Nicht „Ich bin gescheitert."
Sondern: „Ich habe es versucht – und ich bin dadurch gewachsen."

✏️ Übung: Mein Rückschlag, mein Lehrer

Denk an eine konkrete Situation, in der du kürzlich oder in der Vergangenheit einen Rückschlag erlebt hast.
Beschreibe kurz, was passiert ist – und beantworte dann:

- Was habe ich daraus über mich gelernt?
- Was war mein Anteil – und was lag außerhalb meiner Kontrolle?
- Was kann ich künftig anders machen – mit mehr Klarheit, Selbstachtung oder Weichheit?

Schreib abschließend einen Satz wie:

„Ich ehre mich für den Mut, es versucht zu haben – und ich nehme diese Erfahrung als Teil meines Weges an."

📖 Zitat des Tages

„Rückschläge sind nur Umwege auf dem Weg nach vorn."
– Oprah Winfrey

⟳ Mini-Challenge

Wähle heute einen kleinen Schritt, den du aus einer vergangenen „Niederlage" ableiten kannst – und geh ihn bewusst.
Sei nicht perfekt. Sei erfahrend. Sei offen.

🎯 Tag 19: Visualisierung – Deine Zukunft beginnt im Kopf

Alles, was je erschaffen wurde, war zuerst eine Vorstellung.
Ein Gedanke. Ein inneres Bild. Eine Idee, die durch einen
Menschen Wirklichkeit wurde.
Das gilt für Häuser, Bücher, Unternehmen – aber auch für neue
Wege, Beziehungen oder innere Veränderungen.

Visualisierung ist die bewusste Nutzung dieser Schöpferkraft.
Wenn du dir etwas klar vorstellst, wenn du es fühlst, bevor es
real ist, gibst du deinem Unterbewusstsein eine Richtung.
Du programmierst nicht „Wunder" – aber du öffnest dich für
Möglichkeiten.
Du stärkst deine Motivation, dein Vertrauen, deine
Handlungsbereitschaft.

Viele erfolgreiche Menschen nutzen Visualisierung – im Sport, in
der Kunst, im Unternehmertum.
Nicht, weil sie „magisch denken", sondern weil sie wissen:
Was ich mir innerlich ausmale, kann ich im Außen leichter
gestalten.

Doch es geht nicht nur ums Ziel – sondern ums Gefühl dahinter.
Wie willst du dich in deiner Vision fühlen?
Was möchtest du erleben – mit deinem Körper, deiner Seele,
deinem Umfeld?

Heute ist dein Tag, genau das zu erforschen.
Nicht als Traumflucht – sondern als Zukunft, die du einlädst.

✍ Übung: Dein Zukunftsbild

Schließe die Augen und stell dir vor:
Du wachst auf in deinem „idealen Leben" – in einem Jahr, in drei Jahren... ganz intuitiv.

- Wo bist du?
- Wie fühlst du dich?
- Was tust du?
- Wer bist du dort?

Dann schreib es auf – als Fließtext, als Liste oder als Visionstagebuch-Eintrag. Beispiel: „Ich wache auf in einem hellen, ruhigen Raum. Ich fühle mich leicht. Ich beginne meinen Tag mit Kaffee und Schreiben..."

📄 Zitat des Tages

„Die Zukunft gehört denen, die an die Schönheit ihrer Träume glauben."
– Eleanor Roosevelt

🔄 Mini-Challenge

Erstelle heute ein Visionsanker-Objekt: ein Bild, Symbol, Wort, das deine Vision verkörpert.
Leg es an einen Ort, den du täglich siehst – als Erinnerung: „Ich bin auf dem Weg."

🧠 Tag 20: Negative Glaubenssätze erkennen und auflösen

Ein Glaubenssatz ist ein innerer Satz, den du für Wahrheit hältst – oft unbewusst.
Er wurde nicht gewählt, sondern übernommen: aus deiner Kindheit, aus Erfahrungen, aus gesellschaftlichen Erwartungen.

„Ich bin nicht gut genug."
„Ich muss stark sein."
„Ich darf nicht zu viel wollen."
„Geld ist schwer."
„Ich bin zu sensibel."

Solche Sätze laufen in deinem mentalen Hintergrundprogramm – und bestimmen, was du dir zutraust, wie du dich selbst behandelst und was du überhaupt für möglich hältst.

Das Fatale: Du suchst unbewusst nach Bestätigung.
Wenn du glaubst, dass du nie genug bist – wirst du Beweise finden.
Wenn du glaubst, dass du kein Glück mit Geld hast – wirst du entsprechende Erfahrungen machen.

Doch du kannst das ändern.
Denn ein Glaubenssatz ist kein Naturgesetz. Er ist ein alter Gedanke mit einem Wiederholungsmuster.

Und du darfst heute damit beginnen, ihn zu enttarnen, zu hinterfragen – und zu transformieren.

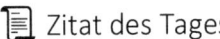 Übung: Der Glaubenssatz-Shift

1. Notiere spontan 3 Sätze, die du oft denkst in herausfordernden Situationen.

2. Wähle einen aus – und frag dich:

- Woher kommt dieser Satz?
- Wem gehört er ursprünglich?
- Ist er heute noch hilfreich?

3. Formuliere einen neuen Satz – nicht als „rosa Zucker", sondern kraftvoll und ehrlich.

Beispiel:
„Ich darf lernen und trotzdem wertvoll sein."
„Ich muss nicht perfekt sein, um geliebt zu werden."

📋 Zitat des Tages

„Deine Überzeugungen formen deine Realität. Ändere deine Gedanken – und du änderst dein Leben."
– Louise Hay

⟳ Mini-Challenge

Immer wenn du heute einen alten Glaubenssatz bemerkst, sag innerlich:

„Stopp. Ich entscheide mich für eine neue Sicht."
Dann wiederhole deinen neuen, stärkenden Satz. Mindestens dreimal.

🫶 Tag 21: Die Kraft der Empathie – Verbindung statt Urteil

Empathie ist mehr als Mitgefühl.
Sie ist die Fähigkeit, mich in dich hineinzuversetzen, ohne mich selbst zu verlieren.
Sie verbindet Herz mit Verstand, Nähe mit Grenzen – und sie ist der Schlüssel zu echten, heilsamen Beziehungen.

In einer Welt, die oft laut, schnell und urteilend ist, wird Empathie zu einem inneren Schatz.
Sie ermöglicht uns, andere Menschen zu verstehen, ohne sie gleich bewerten zu müssen.
Sie lässt Raum für Unterschiede, für Gefühle, für Menschlichkeit.

Empathie beginnt aber nicht im Außen.
Sie beginnt in dir.
Denn je mehr Mitgefühl du mit dir selbst hast, desto natürlicher fließt es auch zu anderen.
Wer sich selbst ständig bewertet, verurteilt oder ablehnt, kann nur schwer echte Verbindung leben – weil die innere Stimme so hart ist, dass sie kaum Raum lässt.

Heute darfst du Empathie neu entdecken – nicht als moralisches Ideal, sondern als gelebte Haltung.
Sie zeigt sich im Zuhören, im Nachfragen, im Innehalten bevor du urteilst.
Sie zeigt sich darin, dass du erkennst: Jeder Mensch hat seine Geschichte. Seine Kämpfe. Seine Gründe.
Und manchmal auch: Ich auch.

Empathie bedeutet nicht, alles gutzuheißen.
Aber sie bedeutet, nicht sofort alles „wissen" zu müssen.

Sondern auch mal einfach da zu sein – für dich. Für andere. Für das, was ist.

✐ Übung: Empathie-Radar aktivieren

Beobachte dich heute in einem Gespräch oder in Gedanken über andere.
Frage dich:

- Bin ich gerade im Verständnis – oder im schnellen Urteil?
- Was könnte die Geschichte hinter dem Verhalten dieser Person sein?
- Und wie geht es mir selbst heute eigentlich?

📖 Zitat des Tages

„Empathie ist das mutige Bestreben, einen Moment lang in der Welt eines anderen zu leben."
– Brené Brown

🔄 Mini-Challenge

Begegne heute einem Menschen ganz bewusst empathisch: höre zu, frage nach, verurteile nicht.
Beobachte, was diese Haltung verändert – in dir und im anderen.

🤝 Tag 22: Unterstützung geben und annehmen – Du musst es nicht allein schaffen

Viele von uns wurden mit dem Satz groß: „Reiß dich zusammen."
Oder: „Mach's allein – sei stark."
Und so haben wir gelernt, durchzuhalten, zu leisten, zu funktionieren.
Aber nicht, wie man sich tragen lässt.

Unterstützung anzunehmen – ohne Schuldgefühl oder Rechtfertigung – ist für viele Frauen fast schwerer als sie zu geben.
Warum? Weil wir oft glauben, dass es „schwach" ist, Hilfe zu brauchen.
Oder dass wir es nicht verdient haben. Oder dass wir dann „abhängig" sind.

Doch in Wahrheit ist Verbindung genau das, was uns stärkt.
Wir sind soziale Wesen. Wir heilen in Gemeinschaft. Wir wachsen im Miteinander.

Unterstützung bedeutet nicht, sich aufzugeben.
Sondern: ehrlich zu zeigen, wo du stehst. Und zu vertrauen, dass du getragen wirst.
Von einer Freundin. Einer Kollegin. Einer Therapeutin. Oder einfach von einem wohlwollenden Blick.

Genauso bedeutet es auch, zu spüren: Wo möchte ich für andere da sein – ohne mich selbst zu verlieren?
Geben und Nehmen im Gleichgewicht – das ist wahre Stärke.

Heute darfst du beides erforschen:
Wo gibst du – und wo darfst du empfangen?

✍️ Übung: Meine Unterstützungs-Landkarte

Teile ein Blatt in zwei Spalten: 1. Wo gebe ich Unterstützung?
Liste auf: emotional, praktisch, beruflich...

2. Wo nehme ich Unterstützung an – oder könnte es mehr tun?
(z. B. um Hilfe bitten, „Nein" sagen dürfen, mich öffnen)
Dann beantworte:

- Was fällt mir leichter – Geben oder Nehmen?
- Was wünsche ich mir mehr?

Schreibe eine klare, liebevolle Bitte auf, die du heute oder in den nächsten Tagen aussprechen willst.

📑 Zitat des Tages

„Stark sein heißt nicht, alles allein zu schaffen. Stark sein heißt, zu wissen, wann man Hilfe braucht."
– Unbekannt

🔄 Mini-Challenge

Bitte heute eine Person deines Vertrauens um etwas Kleines – ehrlich, offen, direkt.
Und nimm ihre Antwort an, ohne dich zu erklären oder zu entschuldigen.

💰 Tag 23: Klarheit über Geldflüsse – Wie du finanzielle Selbstverantwortung entwickelst

Geld ist nicht einfach nur ein Tauschmittel.
Es ist ein Spiegel.
Ein Spiegel deiner Überzeugungen, deines Selbstwerts, deiner Sicherheit – und oft auch deiner Ängste.

Viele Frauen haben gelernt, dass Geld „nicht so wichtig" ist – oder dass es kompliziert, schmutzig oder stressig ist.
Andere geben gerne, trauen sich aber nicht, zu behalten.
Wieder andere haben Angst vor Mangel – selbst wenn finanziell alles stabil ist.

Finanzielle Selbstverantwortung beginnt nicht mit einem perfekten Budgetplan.
Sie beginnt mit Ehrlichkeit.
Mit der Bereitschaft hinzuschauen: Wie fließt Geld in mein Leben – und wie fließt es wieder hinaus?
Was gebe ich regelmäßig aus – bewusst oder unbewusst?
Welche Gefühle sind mit Geld verknüpft?

Geld ist neutral.
Aber deine Beziehung zu Geld ist geprägt – und diese Beziehung darfst du heute in einem ersten Schritt bewusster gestalten.

Denn: Geld ist Energie. Und wenn du beginnst, es achtsam zu lenken, entsteht Klarheit, Sicherheit – und manchmal sogar Leichtigkeit.

✏️ Übung: Meine Geldspiegelung

Beantworte schriftlich:

- Wie spreche ich über Geld – mit mir, mit anderen?
- Welche Geldmuster habe ich übernommen?
- Was sind meine drei größten emotionalen Trigger rund um Geld?

Dann:
Erstelle eine Liste von 5–10 regelmäßigen Ausgaben – ohne zu bewerten.
Frage dich bei jeder:

Tut mir diese Ausgabe gut? Oder kompensiert sie etwas?

📜 Zitat des Tages

„Geld ist nicht gut oder schlecht. Es ist ein Spiegel deiner Beziehung zu dir selbst."
– Lynne Twist

🔄 Mini-Challenge

Bezahle heute eine Sache ganz bewusst – ob online oder im Laden.
Spür dabei: Wie fühlt sich diese Ausgabe an?
Wähle mit Achtsamkeit – nicht mit Schuld, sondern mit Klarheit.

💡 Tag 24: Budget mit Herz – Wie du Kontrolle gewinnst, ohne Kontrolle zu verlieren

Das Wort „Budget" klingt für viele nach Einschränkung.
Nach Zahlen, Tabellen, Kontrolle – nach weniger.
Aber in Wahrheit kann ein Budget etwas ganz anderes sein:
Ein liebevoller Plan für das, was dir wichtig ist.

Dein Geld erzählt eine Geschichte. Jeden Monat.
Wo es hinfließt, zeigt, was du priorisierst – bewusst oder unbewusst.
Und je klarer du wirst über deine Zahlen, desto stärker wirst du dich innerlich fühlen.

Viele Frauen scheuen sich davor, ein Budget zu erstellen.
Oft, weil sie Angst vor dem haben, was sie sehen könnten. Oder weil sie nie gelernt haben, mit Geld sanft und klar zugleich umzugehen.
Doch genau hier liegt deine Chance:
Dein Budget ist kein Käfig. Es ist ein Ausdruck deiner Werte.

Stell dir vor, du gibst jedem Euro eine Aufgabe. Nicht als Druck, sondern als Entscheidung:

„Ich wähle bewusst, wie ich meine Energie verteile."
Das ist nicht kalt – das ist kraftvoll. Und es schafft ein Gefühl von Sicherheit, das aus Selbstführung kommt, nicht aus Kontrolle.

Heute darfst du damit anfangen.
Nicht perfekt, nicht „nach Lehrbuch", sondern in deiner Sprache.
Es geht nicht um Rechenschaft. Es geht um Beziehung – zu deinem Geld und damit zu dir selbst.

✍ Übung: Mein Budget in Klarheit & Herz

Nimm dir ein ruhiges Zeitfenster. Dann:

1. Liste deine monatlichen Fixkosten auf (Miete, Versicherungen, etc.).
2. Liste deine flexiblen Ausgaben (Einkauf, Freizeit, Selfcare...).
3. Schau, wie viel du einnimmst – und wie viel du davon tatsächlich bewusst lenkst.

Dann beantworte:

- Welche drei Kategorien stehen für meine Herzenswerte?
- Wo möchte ich mehr bewusst geben – und wo liebevoll begrenzen?

Schreibe abschließend:

„Ich darf mein Geld führen – mit Klarheit, Sanftheit und innerer Freiheit."

📃 Zitat des Tages

„Ein Budget ist nicht Einschränkung. Es ist die Kunst, deinem Geld eine Richtung zu geben."
– John C. Maxwell

⟳ Mini-Challenge

Wähle heute eine bewusste Budget-Kategorie, in die du mehr Liebe bringen willst – z. B. Ernährung, Selfcare, Weiterbildung. Und investiere dort einen kleinen Betrag – mit Herz.

🛡 Tag 25: Mein Notfallfonds – Sicherheit, die aus Vertrauen wächst

Es ist beruhigend, zu wissen: Ich habe Reserven.
Nicht, weil du vom Schlimmsten ausgehst – sondern weil du dem Leben zutraust, dass nicht alles planbar ist. Und dir selbst zutraust, damit umzugehen.

Ein Notfallfonds ist wie ein emotionaler Puffer – in finanzieller Form.
Er erlaubt dir, durchzuatmen, wenn etwas Unerwartetes passiert: eine kaputte Waschmaschine, ein Zahnarztbesuch, ein Jobwechsel.
Und er gibt dir das stille Gefühl von Selbstführung:

„Ich bin vorbereitet. Ich darf mich sicher fühlen – auch in unsicheren Zeiten."

Doch viele Frauen fürchten sich vor Zahlen, vermeiden Kontostände oder denken: „Dafür reicht's eh nicht."
Aber oft ist es nicht das Einkommen, das fehlt – sondern der bewusste Umgang damit.

Ein Notfallfonds ist kein Luxus. Er ist ein Akt der Selbstachtung.
Du sagst damit: „Ich nehme meine Bedürfnisse ernst – auch die, die ich noch nicht kenne."

Und es muss nicht viel sein.
Du kannst klein anfangen – mit 10 CHF/Euro pro Woche, mit dem ersten bewusst nicht ausgegebenen Betrag.
Wichtig ist: du fängst an.

✍️ Übung: Mein Sicherheitsanker

Beantworte für dich:

- Was würde mir das Gefühl geben: „Ich bin abgesichert"?
- Wie viel möchte ich mittelfristig (z. B. 3–6 Monate) aufbauen?
- Was kann ich ab sofort regelmäßig zur Seite legen – realistisch, liebevoll?

Starte ein eigenes Sparkonto – digital oder als Umschlag – und gib ihm einen Namen:

„Mein Sicherheitsraum" oder „Meine Freiheitsschale"

📄 Zitat des Tages

„Ein Notgroschen ist kein Zeichen von Angst. Er ist ein Zeichen von Respekt – für dich selbst und das Leben."
– Unbekannt

🔄 Mini-Challenge

Überweise heute einen kleinen Betrag (z. B. 5–20 CHF/Euro) auf dein neues Sicherheitskonto und später vielleicht in Bitcoin!
Bewusst, feierlich, mit einem Lächeln.
Du stärkst dich – nicht irgendwann, jetzt.

◈ Tag 26: Mein Selbstwert und Geld – Ich bin es wert, Fülle zu empfangen

Wie viel bist du dir selbst wert?
Nicht auf dem Papier, nicht im Vergleich – sondern tief innen, im Gefühl.
Denn genau dieser Selbstwert spiegelt sich auch in deinem finanziellen Verhalten.

Viele Frauen, selbst wenn sie erfolgreich, klug und fähig sind, spüren einen inneren Widerstand beim Thema Geld.
Sie stellen sich hinten an. Sie geben lieber, als zu empfangen.
Sie verhandeln nicht, bitten nicht, erlauben sich nicht, groß zu denken.

Warum?
Weil irgendwo in ihnen eine Stimme flüstert: „Ich bin nicht wichtig genug. Nicht gut genug. Nicht bereit."

Doch diese Stimme ist nicht du.
Sie ist ein Echo – aus alten Mustern, Prägungen, vielleicht aus einer Welt, die Frauen jahrhundertelang beigebracht hat, sich klein zu machen.
Aber du darfst sie heute überschreiben.
Mit einer neuen Botschaft:

„Ich bin es wert, gut versorgt zu sein – innerlich wie äußerlich."

Geld ist keine Belohnung für Leistung.
Es ist Energie in Bewegung – und du darfst sie empfangen, halten und weitergeben, ohne Schuldgefühl.

Heute verbindest du deinen Selbstwert mit deinem Geldbewusstsein.
Nicht als Ego-Trip. Sondern als innere Rückverbindung.

✍ Übung: Selbstwertspiegelung

Schreibe:

- Wann habe ich mich wertvoll gefühlt – ohne etwas leisten zu müssen?
- Was denke ich, wenn ich Geld geschenkt, verdient oder verloren habe?
- Welche Sätze sagen mir: „Ich bin es wert…" – und wo hakt es noch?

Formuliere einen neuen Glaubenssatz, z. B.:

„Ich darf empfangen – mit Liebe, mit Würde, mit Klarheit."

Schreibe ihn 3x täglich handschriftlich auf – eine Woche lang.

📑 Zitat des Tages

„Dein Wert ist nicht verhandelbar – und schon gar nicht von deinem Kontostand abhängig."
– Unbekannt

⟳ Mini-Challenge

Erlaube dir heute, etwas Wertvolles zu empfangen – ein
Kompliment, eine Hilfe, eine gute Investition.
Und sage: „Danke. Ich nehme es an."

🪶 Tag 27 – Die Kraft deiner inneren Stimme

Du trägst eine Stimme in dir, die dich kennt.
Sie kennt dich nicht aus Erwartungen, nicht aus Gewohnheit,
nicht aus Konditionierung.
Sie kennt dich, weil sie dich begleitet, seit du existierst.

Deine innere Stimme ist nicht laut.
Sie ist nicht immer logisch.
Aber sie ist wahr.

Viele Frauen haben gelernt, diese Stimme zu überhören.
Weil andere lauter waren.
Weil die Welt schnelle Antworten will.
Weil sie denken, sie müssten „sicher" sein, bevor sie
entscheiden.

Aber deine innere Stimme wartet nicht auf äußere Zustimmung.
Sie wartet auf dein Hinhören.

Heute darfst du still werden.
Nicht, um eine Lösung zu finden – sondern, um zu empfangen.

Die Stimme in dir weiß den nächsten Schritt.
Nicht den ganzen Weg.
Aber den, der jetzt dran ist.

✍️ Übung: Die Kraft deiner inneren Stimme

Wann war ich zuletzt im Kontakt mit meiner inneren Stimme –
und habe ihr vertraut?

Wie zeigt sie sich bei mir – Gefühl, Körper, Bilder, Worte?

Was möchte sie mir heute sagen?

„Ich höre mich selbst – und vertraue meiner Wahrheit."

📑 Zitat

„Du brauchst keine Meinung von außen, wenn du lernst, deiner inneren Stimme zu lauschen."
– Clarissa Pinkola Estés

🔄 Mini-Challenge

Triff heute eine kleine Entscheidung bewusst aus deiner inneren Stimme heraus.
Nicht weil es logisch ist – sondern weil es stimmig ist.

Tag 28 – Selbstwert leben, nicht nur verstehen

Du bist wertvoll – nicht wegen deiner Leistung, deines Aussehens oder deines Wissens.
Du bist wertvoll, weil du bist.

Diese Wahrheit klingt einfach.
Doch sie zu leben, ist ein Weg.
Denn viele Frauen wissen theoretisch um ihren Wert –
aber sie handeln, als müssten sie ihn erst beweisen.

Selbstwert ist keine Meinung.
Es ist eine Haltung.
Ein inneres:
„Ich darf Raum einnehmen."
„Ich darf Fehler machen."
„Ich muss nichts verdienen – ich darf einfach sein."

Heute darfst du beginnen, deinen Selbstwert nicht nur zu denken, sondern zu verkörpern.

In deiner Körperhaltung.
In deinen Worten.
In deinen Entscheidungen.

Du darfst ihn leben.
Und spüren, wie sich etwas in dir aufrichtet.

✍ Übung: Selbstwert leben, nicht nur verstehen

Wo lebe ich unter meinem Wert – aus Gewohnheit, Angst oder Anpassung?

Was würde ich heute tun, wenn ich wirklich aus meinem Selbstwert heraus handeln würde?

„Ich bin genug – nicht später, nicht besser, sondern jetzt."

📑 Zitat

„Du bist nicht hier, um dich zu beweisen. Du bist hier, um dich zu erinnern, wer du bist."
– Glennon Doyle

🔄 Mini-Challenge

Handle heute aus deinem Selbstwert heraus.
Sag Ja, wenn du meinst. Sag Nein, wenn du fühlst.
Erinnere dich: Ich darf meinen Platz einnehmen.

✳ Tag 29: Vision & Alltag verbinden

Es ist leicht, eine Vision zu haben, wenn du einen ruhigen Moment findest. Wenn du träumst, Pläne schmiedest, dein Herz sprechen lässt. In solchen Momenten scheint alles möglich. Doch die Herausforderung beginnt, wenn du in deinen Alltag zurückkehrst: mit To-dos, Verantwortlichkeiten, Anforderungen. Dann verschwimmt die Vision oft wieder. Du funktionierst. Du tust, was nötig ist – aber die Richtung wird unscharf.

Dabei ist die Kunst nicht, immer im Visionären zu bleiben. Sondern, deine Vision in deinem Alltag lebendig zu halten. Nicht als ständigen Druck, sondern als inneres Leuchten. Eine Erinnerung daran, wohin du unterwegs bist – selbst, wenn du heute nur einen kleinen Schritt gehen kannst. Die Verbindung von Vision und Alltag ist wie ein inneres Navigationssystem. Du musst nicht immer auf das große Ziel schauen – aber du weißt, dass du auf dem Weg bist. Du kannst dich im Jetzt orientieren und trotzdem spüren: Es geht weiter.

Manche Tage fühlen sich vielleicht wie Umwege an. Andere wie Stillstand. Doch wenn du dranbleibst, achtsam, klar, mitfühlend mit dir selbst, wirst du sehen: Du bewegst dich. Deine Vision ist nicht etwas, das irgendwann beginnt. Sie beginnt in deiner heutigen Entscheidung. In einem achtsamen Nein. In einem mutigen Ja. In einem Moment, in dem du dich erinnerst, wer du sein willst – nicht irgendwann, sondern jetzt.

Du darfst dein Leben von deiner Vision färben lassen. Nicht durch Perfektion, sondern durch Präsenz. Denn du gestaltest deinen Weg – Schritt für Schritt. Und heute ist ein wunderbarer Schritt.

 Übung: Vision & Alltag verbinden

Schreib deine Vision in einem Satz auf:
„Ich erschaffe ein Leben, in dem ich …"
Dann beantworte: Was wäre ein konkreter, alltagstauglicher Ausdruck dieser Vision heute?
Was kannst du jetzt schon leben?

📑 Zitat

„Die Vision ist nicht am Horizont. Sie beginnt dort, wo du heute stehst." – Unbekannt

---

🔄 Mini-Challenge

Erinnere dich heute dreimal an deine Vision – beim Aufstehen, zwischendurch, abends. Und tue jeweils eine kleine Handlung, die in diese Richtung weist.

🌡 Tag 30: Energie managen statt Zeit

Zeit ist begrenzt – Energie ist veränderbar. Das ist ein entscheidender Perspektivwechsel, wenn du dauerhaft gesund, präsent und erfüllt leben willst. Die meisten Menschen versuchen, alles in einen übervollen Kalender zu quetschen: Aufgaben, Termine, Selbstfürsorge, Beziehungen. Doch sie denken dabei in Stunden – nicht in Energie. Die Frage ist nicht nur: Wieviel Zeit habe ich? Die Frage ist: Welche Qualität hat meine Energie in dieser Zeit?

Denn 60 Minuten erschöpftes Funktionieren bringen nicht denselben Wert wie 30 Minuten klar fokussierte Präsenz. Und genau hier liegt der Schlüssel: Wenn du lernst, deine Energie zu beobachten, zu lenken und zu nähren, wird dein Alltag nicht leichter – aber leichter zu tragen. Du beginnst, Entscheidungen auf Basis deiner inneren Kraft zu treffen, nicht auf Basis von Pflichterfüllung oder Außensteuerung.

Du darfst dich heute fragen: Was gibt mir Energie – und was raubt sie mir? Welche Tätigkeiten lassen mich aufblühen, nähren mich innerlich? Und welche ziehen mich runter, machen mich eng, leer oder müde? Energie ist kein Zufallsprodukt. Sie entsteht durch bewusste Entscheidungen, durch Rhythmus, durch Grenzen – und durch liebevolle Selbstbeobachtung.

Und: Du musst nicht alles selbst tragen. Manchmal ist der größte Energieschub ein ehrliches Nein. Oder eine Pause. Oder das Loslassen eines Anspruchs, der nie deiner war. Energie lässt sich nicht unbegrenzt optimieren. Aber sie lässt sich führen – wenn du lernst, auf deine inneren Signale zu hören.

✍ Übung: Vision & Alltag verbinden

Erstelle zwei Spalten:

Energiegeber: Dinge, die dich aufladen, nähren, lebendig machen

Energieräuber: Dinge, die dich erschöpfen, leer machen, stressen

Markiere je 3 davon und beantworte:

- Wie kann ich ab morgen gezielt mehr von den Energiegebern in meinen Tag holen?
- Welche Energieräuber kann ich reduzieren oder liebevoll loslassen?

📄 Zitat

„Du kannst keine hohe Lebensqualität erreichen, wenn du deine Energie wie eine billige Ressource behandelst." – Robin Sharma

---

🔄 Mini-Challenge

Baue heute bewusst einen Energiegeber ein – und streiche einen Energie-Vampir. Fühl in dich hinein: Wie verändert sich dein innerer Zustand?

Tag 31: Mentales Detox – Aufräumen im Kopf

Dein Geist ist ein Raum. Und wie jeder Raum braucht auch er hin und wieder eine gründliche Reinigung. Nicht weil du falsch bist – sondern weil Gedanken sich ansammeln wie Staub. Tag für Tag strömen unzählige Informationen auf dich ein: Nachrichten, Gespräche, Social Media, Erwartungen, Erinnerungen. Vieles davon nimmst du nicht einmal bewusst wahr – doch es wirkt weiter. Es erzeugt Unruhe, Druck, ein diffuses Gefühl von Überforderung. Und irgendwann fühlst du dich „voll", obwohl du eigentlich gar nicht so viel getan hast.

Mentales Detox heißt: innehalten, sortieren, bewusst loslassen. Es geht nicht darum, „nichts mehr zu denken" – das ist unmöglich. Es geht darum, wieder Entscheiderin über deinen inneren Raum zu werden. Was darf bleiben? Was darf gehen? Was gehört dir überhaupt – und was wurde übernommen?

Manche Gedanken sind wie Dauerschleifen. Sie wiederholen alte Sorgen, Ängste, innere Antreiber. Du kannst sie nicht zwingen zu verschwinden – aber du kannst aufhören, ihnen ständig zu glauben. Du kannst sie beobachten, statt dich mit ihnen zu verwechseln. Und du kannst bewusst neue Gedanken wählen, die dich nähren statt lähmen.

Heute ist ein Tag zum mentalen Aufräumen. Zum bewussten Stopp. Zum Wahrnehmen, was in dir kreist – und zum Öffnen eines inneren Fensters. Du musst nicht alles mitnehmen, was in deinem Kopf auftaucht. Du darfst wählen. Du darfst loslassen.

Übung: Vision & Alltag verbinden

Schreib 10 Minuten alles auf, was dir gerade durch den Kopf geht – ohne Bewertung, ohne Struktur. Nimm es einfach wahr.

Dann markiere drei Gedanken, die dich immer wieder beschäftigen – und frage dich bei jedem:

- Will ich diesen Gedanken weiter denken?
- Was wäre ein liebevoller, klarer Alternativsatz?

Beispiel:
„Ich schaffe das nie." → „Ich darf klein anfangen und wachsen."

📃 Zitat

„Nicht jeder Gedanke ist wahr. Aber jeder Gedanke hat Kraft – wenn du ihm welche gibst." – Byron Katie

---

🔄 Mini-Challenge

Wähle heute einen unterstützenden Gedanken, den du bewusst kultivieren willst – und wiederhole ihn über den Tag hinweg innerlich.

🧘 Tag 32: Emotionale Selbstführung – Mit Gefühl statt gegen Gefühl

Gefühle sind nicht das Problem. Der Versuch, sie zu unterdrücken, zu vermeiden oder zu kontrollieren – das ist es, was uns oft erschöpft. Viele von uns haben gelernt, Gefühle zu bewerten: Wut ist gefährlich, Trauer ist Schwäche, Angst ist Versagen. Aber Gefühle sind weder gut noch schlecht – sie sind Signale. Sie zeigen, dass du lebendig bist. Dass etwas in dir berührt wird. Dass ein Bedürfnis gehört werden will.

Emotionale Selbstführung bedeutet nicht, immer ruhig oder „positiv" zu sein. Es bedeutet, dass du deine Gefühle anerkennst, verstehst und liebevoll steuerst, ohne sie zu ignorieren oder von ihnen überrollt zu werden. Du darfst traurig sein – und gleichzeitig handlungsfähig bleiben. Du darfst wütend sein – und trotzdem klar kommunizieren. Du darfst Angst haben – und dennoch Schritt für Schritt weitergehen.

Gefühle sind wie Wellen: Sie bauen sich auf, erreichen einen Höhepunkt – und klingen wieder ab. Wenn du sie unterdrückst, stauen sie sich. Wenn du sie zulässt, können sie fließen. Heute darfst du genau das üben: Deine Emotionen wahrnehmen, benennen, begleiten – statt sie zu verdrängen oder dich mit ihnen zu identifizieren.

Du bist nicht deine Angst. Nicht deine Wut. Nicht deine Traurigkeit.
Du bist die, die fühlt. Und die, die führen kann – mit offenem Herzen.

✍ Übung: Emotionale Selbstführung – Mit Gefühl statt gegen Gefühl

Nimm dir 10 Minuten Zeit und frage dich:

- Welche Emotion zeigt sich in mir gerade am häufigsten?
- Was will sie mir sagen?
- Was brauche ich, um sie liebevoll zu halten – ohne sie wegzudrücken?

Schreib ihr einen kurzen inneren Brief – z. B. an deine Angst oder deine Wut.
„Liebe Angst, ich sehe dich. Du willst mich schützen…"

📑 Zitat

„Emotionale Reife heißt nicht, keine Gefühle zu haben – sondern mit ihnen verbunden und verantwortlich zu sein." – Susan David

---

🔄 Mini-Challenge

Nimm heute eine auftauchende Emotion bewusst wahr. Benenne sie innerlich – ohne Urteil. Sag dir: „Ich spüre … und das ist okay."

⬤ Tag 33: Grenzen setzen mit Herz – Für dich und deine Energie

Grenzen sind kein Zeichen von Kälte. Sie sind ein Zeichen von Klarheit. Viele Frauen haben gelernt, dass „Nein sagen" egoistisch ist. Dass Rückzug bedeutet, andere zu enttäuschen. Und so sagen sie Ja – obwohl sie Nein fühlen. Sie erklären sich, rechtfertigen sich, lächeln, wenn sie eigentlich müde sind.

Aber: Jede Grenze, die du nicht setzt, ist ein Stück Energie, das du verlierst. Grenzen schützen nicht vor anderen – sie schützen deine innere Wahrheit. Sie sind wie ein Gartenzaun: Sie sagen nicht „Du darfst nie rein" – sondern: „Hier ist mein Raum. Und ich entscheide, was mir guttut."

Grenzen setzen heißt nicht, hart zu werden. Es heißt, ehrlich zu sein. Und klar zu bleiben – auch wenn andere es nicht verstehen. Du bist nicht verantwortlich für die Gefühle anderer, wenn du deine Wahrheit aussprichst. Du bist verantwortlich für deine Energie, deine Bedürfnisse, deinen Weg.

Heute darfst du beginnen, Grenzen neu zu sehen: als Ausdruck von Selbstrespekt. Als Einladung zur echten Begegnung – denn nur wenn du ehrlich bist, kann Nähe auf Augenhöhe entstehen.

Du darfst Nein sagen. Du darfst Rückzug wählen. Du darfst dich selbst ernst nehmen – ohne Schuldgefühl.

✎ Übung: Grenzen setzen mit Herz – Für dich und deine Energie

Reflektiere:

- In welchen Situationen fällt es mir schwer, meine Grenzen zu wahren?
- Was befürchte ich, wenn ich Nein sage?
- Welche Grenze möchte ich künftig liebevoll, aber klar setzen?

Formuliere eine klare, respektvolle Grenzbotschaft – z. B.:
„Ich spüre, dass ich heute Zeit für mich brauche."
„Das ist mir gerade zu viel – ich steige hier aus."

📑 Zitat

„Grenzen zu setzen ist ein Akt der Liebe – zuerst für dich, dann für andere." – Prentis Hemphill

---

🔄 Mini-Challenge

Übe heute eine kleine Grenzhandlung – z. B. einen Termin absagen, „Nein" sagen, eine Pause einfordern. Beobachte: Wie fühlt sich das an – im Körper, im Herzen?

🪶 Tag 34: Selbstakzeptanz statt Selbstoptimierung

Du musst nicht besser werden. Du darfst dich besser kennen lernen.
Das ist einer der tiefsten Perspektivwechsel auf dem Weg zu echter innerer Freiheit.
Denn wie viele Lebensratgeber, Apps, Kurse oder Routinen basieren auf der Idee: „So wie du bist, reicht nicht – aber du kannst dich verbessern."?

Und oft ist Selbstoptimierung verkleidet als Selbstfürsorge. Du willst gesünder essen, dich besser organisieren, deine Gedanken ordnen. Aber irgendwo dazwischen beginnt es zu kippen. Plötzlich ist jede Pause ein Produktivitätsverlust, jede Emotion ein „Blockade", jeder ruhige Tag eine vertane Chance.

Dabei bist du nicht hier, um perfekt zu werden.
Du bist hier, um ganz zu werden.
Und das beginnt mit Akzeptanz.

Selbstakzeptanz heißt nicht, alles gutzuheißen.
Es heißt: dich sehen, wie du bist – mit allem, was da ist. Mit Licht und Schatten, mit Mut und Unsicherheit, mit Klarheit und Chaos.
Es bedeutet: aufzuhören, gegen dich zu kämpfen. Und stattdessen neugierig zu werden.
Warum bin ich gerade müde?
Was sagt mir meine Angst?
Worum bittet mich mein Rückzug?

Selbstakzeptanz ist kein Stillstand. Sie ist die Voraussetzung für echtes Wachstum. Denn erst wenn du aufhörst, dich verändern zu müssen, beginnt die Veränderung von innen heraus.
Frei. Authentisch. Nachhaltig.

Heute darfst du alles in dir wieder willkommen heißen. Auch die Anteile, die du vielleicht oft ablehnst. Auch die Gedanken, die dich nerven. Auch die Gefühle, die du manchmal weghaben willst.

Sie gehören alle zu dir.

Und du bist nicht falsch, weil du sie hast.

Du bist ganz – auch, wenn du dich manchmal nicht so fühlst.

✍ Übung: Selbstakzeptanz statt Selbstoptimierung

Beantworte in deinem Journal:

- Was sind Anteile oder Eigenschaften an mir, die ich oft ablehne oder wegmache?
- Wie würde ich mit mir sprechen, wenn ich mich radikal akzeptieren würde – genau so, wie ich heute bin?

Schreib einen Brief an dich selbst: „Ich sehe dich. Auch wenn du gerade …"

Sprich liebevoll und ehrlich mit dir.

📄 Zitat

„Veränderung beginnt dort, wo du aufhörst, dich verändern zu müssen." – Carl Rogers

⟳ Mini-Challenge

Wähle heute einen Moment, in dem du dich normalerweise selbst kritisieren würdest – und ersetze ihn durch einen Akt der Annahme.
Ein Satz, ein Atemzug, ein Lächeln. Für dich.

📜 Tag 35: Loslassen lernen – Vertrauen statt Kontrolle

Loslassen ist eines der kraftvollsten, aber auch herausforderndsten Themen auf dem Weg zu innerem Frieden. Denn oft verwechseln wir Loslassen mit Aufgeben. Oder mit Gleichgültigkeit. Dabei geht es beim Loslassen nicht darum, dass dir etwas „egal" wird – sondern darum, dass du aufhörst, gegen das Leben zu kämpfen.

Kontrolle ist eine Illusion. Und doch versuchen wir immer wieder, alles im Griff zu haben: Pläne, Beziehungen, Gefühle, die Meinung anderer, sogar unser eigenes Wachstum.
Wir glauben, wenn wir nur genug denken, reden, tun – dann wird alles gut.
Aber das Leben ist lebendig. Es lässt sich nicht in Schubladen pressen.

Loslassen beginnt da, wo du anerkennst: Nicht alles liegt in deiner Hand – und das ist okay.
Du darfst dich führen lassen, statt alles selbst zu tragen.
Du darfst Entscheidungen treffen – und dann vertrauen.
Du darfst Menschen lieben – und trotzdem gehen lassen, wenn es dran ist.
Du darfst Pläne haben – und dich trotzdem vom Leben überraschen lassen.

Loslassen heißt, den inneren Druck rauszunehmen.
Nicht, weil du aufgibst. Sondern weil du dir selbst erlaubst, zu atmen.
Weil du erkennst: Ich kann nicht alles kontrollieren. Aber ich kann wählen, wie ich damit umgehe.

Heute darfst du einen Raum öffnen für genau dieses Vertrauen. Nicht perfekt. Aber echt.

Denn was zu dir gehört, bleibt – oder kommt wieder. Und was nicht zu dir gehört, darf gehen.

 Übung: Selbstakzeptanz statt Selbstoptimierung

Reflektiere:

- Was halte ich gerade mit viel innerer Anstrengung fest – obwohl es mir nicht (mehr) gut tut?
- Was wäre, wenn ich es loslassen würde – gedanklich, emotional oder praktisch?

Schreib einen Loslass-Satz auf, z. B.:

„Ich lasse die Kontrolle los – und öffne mich für Vertrauen."

Wiederhole ihn heute bewusst mehrmals.

📄 Zitat

„Loslassen heißt nicht, aufzugeben – sondern anzuerkennen, dass es Zeit ist, weiterzugehen." – Unbekannt

---

⟳ Mini-Challenge

Lege heute einen kleinen symbolischen Gegenstand (z. B. ein Steinchen, Papier) ab, als Zeichen für etwas, das du innerlich loslässt. Atme tief – und geh weiter.

🕯 Tag 36: Rituale im Alltag – Haltepunkte für dein Leben

In einer Welt voller Geschwindigkeit, Ablenkung und Reizüberflutung sind Rituale wie kleine Inseln.
Sie schenken Orientierung, Erdung, Wiederholung – und eine Rückverbindung mit dem, was dir wirklich wichtig ist.

Ein Ritual ist keine Pflicht und kein Zaubertrick. Es ist eine bewusste Handlung mit Bedeutung. Etwas, das du immer wieder tust – nicht, weil du musst, sondern weil es dich an dich selbst erinnert.
Das kann der Tee am Morgen sein, die Stille vor dem Schlafen, das Anzünden einer Kerze, das Schreiben in dein Journal.
Es kann ein wöchentlicher Spaziergang sein, ein Lied, ein bewusstes Atmen vor einem Meeting.

Rituale beruhigen dein Nervensystem. Sie helfen deinem Geist, umzuschalten.
Und sie sind ein liebevolles Signal: Ich bin da. Ich gestalte mein Leben – auch im Kleinen.

Je mehr du in deinem Alltag bewusste Rituale verankerst, desto mehr kehrt innerer Rhythmus zurück.
Du wirst spüren: Das Leben ist nicht nur Reaktion. Es ist auch Gestaltung.

✍ Übung: Selbstakzeptanz statt Selbstoptimierung

Welche wiederkehrenden Handlungen in deinem Alltag fühlen sich bereits wie Rituale an?
Welche davon tun dir gut – und welche machst du nur „automatisch"?

Dann: Überlege dir ein neues, bewusstes Ritual, das du ab morgen einführen willst.
Klein, machbar, kraftvoll.

Beispiele:
– 3 Atemzüge vor jeder Mahlzeit
– Kerze anzünden für 10 Minuten Stille
– Jeden Sonntag 15 Minuten für dich

📑 Zitat

„Rituale sind kleine Leuchttürme in unserem Tag – sie zeigen uns, wo wir gerade sind." – Unbekannt

---

🔄 Mini-Challenge

Beginne heute ein Mikro-Ritual und zieh es bewusst 3 Tage durch. Beobachte: Was verändert sich in deiner Präsenz?

✳️ Tag 37: Entscheidungen treffen – Klarheit statt Dauergrübeln

Viele Frauen tragen Entscheidungen wochen-, manchmal monatelang mit sich herum. Nicht, weil sie nicht wissen, was sie wollen – sondern weil sie sich nicht erlauben, es klar zu sagen. Wir wägen ab, holen Meinungen ein, überlegen nochmal, drehen uns im Kreis. Und irgendwann verlieren wir das Gespür für das, was wir eigentlich fühlen.

Entscheidungskraft ist ein Muskel. Je öfter du entscheidest, desto leichter wird es.
Nicht, weil jede Entscheidung sofort richtig ist – sondern weil du lernst, dir selbst zu vertrauen.
Denn eine klare Entscheidung bringt Energie zurück.
Ein Nein bringt genauso viel Klarheit wie ein Ja.
Beides bringt Bewegung.

Es geht nicht darum, immer „sicher" zu entscheiden.
Es geht darum, ehrlich zu spüren, was für dich stimmt – jetzt.

Heute darfst du lernen, wie kraftvoll es ist, sich für etwas zu entscheiden – und damit gleichzeitig ganz viel anderes loszulassen.
Nicht alles zu wollen. Nicht alles offen zu halten.
Sondern: Das ist mein nächster Schritt.

 Übung: Entscheidungen treffen – Klarheit statt Dauergrübeln

Denk an eine Entscheidung, die du aktuell vor dir herschiebst. Beantworte:

- Was hindert mich daran, mich klar zu positionieren?
- Was wäre mein ehrliches Bauchgefühl, wenn ich niemanden enttäuschen müsste?
- Was wäre mein erster kleiner Handlungsschritt in diese Richtung?

Dann: Triff die Entscheidung schriftlich.
„Ich entscheide mich heute für ...“

📑 Zitat

„Klarheit entsteht nicht im Kopf – sondern im Tun.“ – Marie Forleo

---

🔄 Mini-Challenge

Treffe heute eine klare, kleine Entscheidung, die du schon länger vor dir herschiebst. Und setze sie direkt in Bewegung – auch wenn's nur der erste Schritt ist.

🧠 Tag 38: Aufhören, dich zu vergleichen – Dein Weg zählt

Vergleichen ist menschlich – aber ständiges Vergleichen ist toxisch.
Es zieht dich raus aus deinem Tempo, deinem Wert, deiner Wahrheit.
Du schaust auf das, was andere tun, haben oder zeigen – und plötzlich fühlst du dich: zu wenig, zu langsam, zu unfertig.
Aber du kennst nur die Bühne der anderen. Nicht den Probenraum. Nicht den Zweifel. Nicht die Tränen hinter dem Lächeln.

Wenn du dich vergleichst, verlierst du den Kontakt zu dir.
Und je mehr du im Außen suchst, desto weniger hörst du die leise Stimme deiner inneren Führung.
Doch dein Weg ist einzigartig. Deine Zeit, dein Ausdruck, deine Geschichte.
Was andere tun, ist deren Lernerfahrung. Was du tust, ist deine.

Du darfst dich inspirieren lassen. Aber nicht entwerten.
Du darfst Menschen feiern – ohne dich kleiner zu machen.
Und du darfst dich erinnern: Niemand kann so leben wie du.
Genau darum bist du hier.

Heute ist ein Tag, um zurückzukehren – zu dir. Zu deinem Weg.
Zu deinem Maßstab.

✎ Übung: Aufhören, dich zu vergleichen – Dein Weg zählt

Schreib auf:

- Welche Vergleiche ziehen mir regelmäßig Energie? (z. B. auf Social Media, im Beruf, im Familienbild)
- Welche Stärken habe ich, die nur ich so lebe?
- Was würde sich verändern, wenn ich mich heute mal gar nicht vergleiche?

Formuliere deinen persönlichen Satz:

„Ich bin auf meinem Weg – und der ist wertvoll."

📋 Zitat

„Das Vergleichen ist das Ende des Glücks und der Anfang der Unzufriedenheit – Søren Kierkegaard

---

🔄 Mini-Challenge

Mach heute bewusst eine Sache nur für dich – nicht für Außenwirkung, nicht für Vergleich.
Spür hinein: Wie fühlt sich das an?

🌟 Tag 39: Selbstbewusstsein entwickeln – Dich selbst erkennen und zeigen

Selbstbewusstsein ist mehr als Selbstsicherheit. Es ist nicht das laute Auftreten, das perfekte Sprechen, das scheinbar unerschütterliche Auftreten. Es ist auch nicht das „Ich weiß, wer ich bin und was ich kann“ – zumindest nicht in einem starren Sinn.
Echtes Selbstbewusstsein beginnt viel leiser. Es beginnt mit Selbst-Erkenntnis. Mit der Fähigkeit, dich selbst zu beobachten, zu verstehen, zu fühlen. Und dich dann – Schritt für Schritt – auch zu zeigen.

Viele Frauen zweifeln an sich, obwohl sie stark, empathisch, kompetent und erfahren sind. Der innere Kritiker ist oft schneller als das eigene Mitgefühl. Und so beginnt ein Kampf zwischen dem, was du eigentlich fühlst – und dem, was du dir gerade noch nicht zutraust.

Doch du brauchst kein „größeres Ego“. Was du brauchst, ist die Erlaubnis, deinen inneren Raum ganz zu bewohnen. Selbstbewusstsein ist, wenn du dich kennst. Wenn du weißt, was dir wichtig ist. Wenn du für dich einstehst – auch, wenn es unbequem wird. Und wenn du sanft mit dir bist, wenn es gerade nicht klappt.

Es ist ein Prozess – kein Zustand. Du wirst dich in bestimmten Momenten mutiger fühlen als in anderen. Du wirst Rückschritte erleben, innere Widerstände spüren. Aber mit jeder Begegnung mit dir selbst wächst dieses Bewusstsein:
„Das bin ich. Und das darf sichtbar sein.“

Heute darfst du dich daran erinnern: Selbstbewusstsein wächst nicht durch Lob, sondern durch Verbindung. Nicht durch Lautstärke, sondern durch Wahrheit. Nicht durch Vergleiche, sondern durch Tiefe.

✎ Übung: Aufhören, dich zu vergleichen – Dein Weg zählt

Beantworte in deinem Journal:

- Wann habe ich mich in letzter Zeit ehrlich und echt gefühlt?
- Welche Situationen bringen mein Selbstbewusstsein ins Wanken?
- Was macht mich im Innersten aus – unabhängig von Leistung?

Schreibe 3 Sätze, die dich heute stärken dürfen. Z. B.:

„Ich bin nicht perfekt, aber echt."
„Ich darf mich zeigen – so wie ich bin."
„Ich kenne meinen Wert – auch wenn ich zweifle."

📑 Zitat

„Selbstbewusstsein ist nicht, zu glauben, dass du besser bist als andere – sondern zu wissen, dass du genug bist, so wie du bist."
– Brené Brown

⟳ Mini-Challenge

Zeige dich heute in einer kleinen Situation etwas klarer als sonst – mit einer Meinung, einer Grenze oder einer Bitte. Spür hinein: Wie fühlt sich das an?

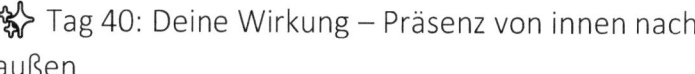 Tag 40: Deine Wirkung – Präsenz von innen nach außen

Dein Auftreten beginnt nicht mit deiner Kleidung, deiner Stimme oder deinem Blickkontakt. Es beginnt innen – bei deiner Haltung dir selbst gegenüber.

Denn das, was du über dich denkst, was du fühlst, was du für möglich hältst, strahlt nach außen – oft ganz unabhängig von dem, was du sagst oder tust.

Menschen spüren Präsenz. Sie spüren, wenn jemand in sich ruht. Wenn jemand nicht gefallen muss, sondern einfach da ist. Nicht als Rolle, sondern als Mensch. Und genau diese Ausstrahlung ist es, die berührt. Nicht Lautstärke. Nicht Perfektion. Sondern Echtheit.

Viele Frauen sind sich ihrer Wirkung nicht bewusst – oder sie fürchten sie.

„Ich will nicht auffallen."

„Ich will nicht zu viel Raum einnehmen."

„Ich weiß nicht, wie ich gesehen werde."

Doch Präsenz ist kein Machtspiel. Sie ist eine innere Entscheidung: Ich darf sichtbar sein. Ich darf Raum einnehmen. Ich darf sein, wie ich bin – und wirken, wie ich bin.

Deine Wirkung ist kein Zufallsprodukt. Sie entsteht aus deiner Verbindung zu dir. Aus deiner Klarheit, aus deiner Körperhaltung, deinem Atem, deiner inneren Ausrichtung.

Heute darfst du beginnen, diesen Raum bewusst einzunehmen – nicht für andere, sondern für dich.

 Übung: Deine Wirkung – Präsenz von innen nach außen

Reflektiere:

- In welchen Momenten spüre ich meine eigene Präsenz?
- Wann ziehe ich mich eher zurück, obwohl ich eigentlich Raum hätte?
- Was möchte ich heute ausstrahlen?

Stell dich für einen Moment aufrecht hin, atme tief ein – und sag innerlich:

„Ich darf hier sein. Ich darf wirken."

📄 Zitat

„Präsenz ist das, was bleibt, wenn du aufhörst, dich zu verstecken." – Unbekannt

---

🔄 Mini-Challenge

Wähle heute eine kleine Alltagssituation, in der du bewusst präsent sein willst: beim Reden, im Gehen, im Blickkontakt. Übe: aufrecht, offen, verbunden.

👩 Tag 41: Klar kommunizieren – Deine Wahrheit in Worte bringen

Worte sind Brücken. Oder Mauern.
Und oft entscheiden nicht die Worte selbst, sondern die innere Haltung, mit der sie gesprochen werden.
Klarheit in der Kommunikation beginnt also nicht im Mund – sondern im Herzen.
Wenn du innerlich weißt, was du fühlst, brauchst du nicht laut zu werden. Wenn du spürst, was dir wichtig ist, kannst du auch mit leiser Stimme deutlich sein.

Viele Frauen haben gelernt, sich anzupassen, Konflikte zu vermeiden oder Dinge zu „schlucken": Doch unterdrückte Kommunikation staut sich. Sie wird zu innerer Spannung, zu Frust, zu Missverständnissen.
Und irgendwann fühlst du dich nicht mehr gehört – weil du dich selbst nicht mehr ausdrückst.

Klarheit in der Sprache heißt nicht Härte. Es heißt: ehrlich sein – und verbunden bleiben.
Du darfst sagen, was du brauchst. Du darfst sagen, was du fühlst.
Du darfst auch sagen: „Ich weiß es gerade nicht."
Denn echte Verbindung entsteht dort, wo zwei Menschen sich zeigen – nicht dort, wo sie Rollen spielen.

Heute darfst du üben, klarer zu sprechen – und gleichzeitig mitfühlend zu bleiben. Es geht nicht darum, alles richtig zu machen. Es geht darum, authentisch zu sein.

 Übung: Deine Wirkung – Präsenz von innen nach außen

Wähle eine Situation, in der du dich kürzlich nicht klar geäußert hast.
Beantworte:

- Was hätte ich wirklich sagen wollen?
- Was hat mich davon abgehalten?
- Wie würde ich es heute – liebevoll, aber klar – ausdrücken?

Formuliere deinen Satz schriftlich – als Übung oder zur Vorbereitung auf ein echtes Gespräch.

📄 Zitat

„Klarheit ist freundlich. Schweigen ist oft das Gegenteil." – Brené Brown

---

🔄 Mini-Challenge

Sage heute eine kleine Wahrheit, die du sonst verschluckt hättest – klar, ruhig, ohne Drama. Und beobachte, wie es sich anfühlt, deine Stimme zu nutzen.

💥 Tag 42: Mut zur Veränderung – Wachstum beginnt im Jetzt

Mut ist nicht, keine Angst zu haben.
Mut ist, trotz Angst zu handeln. Trotz Unsicherheit, trotz Zweifel, trotz wackelnder Stimme.
Denn genau dort beginnt dein Wachstum: Nicht in der Komfortzone, sondern an ihrem Rand.

Veränderung erfordert Mut, weil sie das Bekannte hinterfragt. Weil sie neue Wege öffnet – aber auch Altes infrage stellt. Und das ist anstrengend. Deshalb ist es so verständlich, dass wir oft lieber dort bleiben, wo es „sicher" scheint.
Doch die Frage ist: Sicher – oder eng?

Wenn du spürst, dass etwas in dir nach Veränderung ruft, dann ist das nicht einfach ein Gedanke – es ist deine Seele, die Raum will.
Und Mut bedeutet, ihr zu folgen. Nicht kopflos. Aber entschlossen. Schritt für Schritt.

Mutige Menschen sind nicht furchtlos. Sie gehen trotzdem.
Und sie wissen: Auch Stolpern gehört dazu. Auch Zweifel. Auch Umwege. Aber nichts davon ist ein Scheitern – solange du weitergehst.

Heute darfst du deinem Mut lauschen. Er ist da – vielleicht leise, aber spürbar. Er flüstert: „Du bist bereit. Jetzt."

 Übung: Deine Wirkung – Präsenz von innen nach außen

Beantworte für dich:

- In welchem Bereich meines Lebens ruft Veränderung – auch wenn ich es nicht gern zugebe?
- Was wäre der allererste, kleinste Schritt, um dem näherzukommen?
- Was würde ich mir sagen, wenn ich mich selbst ermutigen würde?

Schreib:

„Ich darf mutig sein – auch wenn mein Herz klopft."

📑 Zitat

„Mut bedeutet nicht, dass du keine Angst hast – sondern dass du etwas anderes wichtiger findest als die Angst." – Ambrose Redmoon

---

🔄 Mini-Challenge

Tu heute eine Sache, die außerhalb deiner Gewohnheit liegt – ein neuer Weg, eine neue Handlung, ein ungewohnter Schritt. Atme. Geh. Spür deinen Mut.

📖 Tag 43: Die Komfortzone erweitern – Raum schaffen für mehr Leben

Die Komfortzone ist kein schlechter Ort. Sie ist vertraut, warm, sicher.
Aber sie hat Grenzen. Und diese Grenzen werden oft enger, je länger du dortbleibst.
Wachstum beginnt genau dort, wo du dich nicht mehr ganz wohl fühlst – aber neugierig bleibst.

Du musst sie nicht sprengen. Du darfst sie sanft erweitern.
Indem du neue Erfahrungen zulässt. Indem du dich zeigst, wo du dich sonst versteckst.
Indem du sagst: „Ich weiß nicht, wie es wird – aber ich bin bereit, es zu erleben."

Denn nur dort, wo du dich dem Ungewohnten öffnest, lernst du dich neu kennen.
Du entdeckst Fähigkeiten, die in der Sicherheit nicht gebraucht wurden.
Du findest Stärken, die im Vertrauten geschlummert haben.
Und du spürst: Ich bin größer als das, was ich mir bisher erlaubt habe.

Heute darfst du den Radius deiner inneren Welt erweitern.
Nicht radikal. Aber bewusst.
Denn das Leben ist nicht da, wo du alles kontrollierst – sondern da, wo du neu wirst.

 Übung: Deine Wirkung – Präsenz von innen nach außen

Was ist eine Situation, die außerhalb meiner Komfortzone liegt – aber mich gleichzeitig reizt oder neugierig macht?

Was hält mich zurück – und was würde passieren, wenn ich's einfach probiere?

Schreib dir einen Satz auf:

„Ich bin bereit, meine Komfortzone sanft zu dehnen – für mich."

📑 Zitat

„Das Leben beginnt dort, wo deine Komfortzone endet." – Neale Donald Walsch

---

🔄 Mini-Challenge

Mach heute eine kleine Erfahrung, die neu ist: einen anderen Weg gehen, jemanden ansprechen, etwas ausprobieren, das du sonst aufschiebst.
Feier dich – unabhängig vom Ergebnis.

🌙 Tag 44: Intuition stärken – Deine innere Stimme hören

Intuition ist kein Rätsel. Sie ist auch kein magisches Talent, das nur einigen wenigen vorbehalten ist.
Sie ist eine Fähigkeit – und wie jede Fähigkeit braucht sie Aufmerksamkeit, Raum und Vertrauen, um sich zu entfalten.
Viele Frauen haben einen starken Zugang zur Intuition. Doch sie haben gelernt, ihr nicht zu trauen.
„Ich übertreibe nur."
„Ich bilde mir das ein."
„Ich muss logisch denken."

Doch dein Bauchgefühl ist ein Geschenk. Es ist die Sprache deines Unterbewusstseins. Es ist das Wissen, das in deinem Körper gespeichert ist – jenseits von Analyse, jenseits von Argumenten.
Intuition ist nicht laut. Sie drängt sich nicht auf.
Aber sie ist klar. Sie kommt oft in Form eines Körperimpulses, eines inneren Wissens, einer Stimmung, die du nicht erklären kannst – aber fühlst.

Heute darfst du beginnen, ihr zuzuhören. Nicht, indem du nach Antworten suchst. Sondern indem du Raum gibst. Raum für Stille, für Nichtwissen, für ehrliches Spüren.
Denn deine Intuition braucht keinen Beweis – sie braucht Verbindung.

 Übung: Deine Wirkung – Präsenz von innen nach außen

Erinnere dich an eine Situation, in der du auf deine Intuition
gehört hast – und es gut war.
Wie hat sie sich gezeigt? Wie hast du sie gespürt?

Dann: Spüre in eine aktuelle Frage oder Unsicherheit hinein.
Lege deine Hand auf dein Herz oder deinen Bauch.
Frage dich: Was sagt meine innere Stimme dazu – jenseits von
Angst und Kontrolle?

Schreibe, ohne zu korrigieren.

 Zitat

„Intuition ist das Flüstern der Seele – hör genau hin." – Clarissa
Pinkola Estés

🔄 Mini-Challenge

Triff heute eine kleine Entscheidung nur auf Basis deines
Bauchgefühls – ganz bewusst. Und beobachte, wie es sich
anfühlt, dir zu vertrauen.

🧘 Tag 45: Weisheit des Körpers – Dein Inneres spricht in Empfindungen

Dein Körper spricht mit dir – jeden Tag.
Doch wir haben oft verlernt, ihm zuzuhören. Stattdessen übergehen wir Signale, betäuben Symptome, ignorieren Erschöpfung.
Dabei ist dein Körper ein feinfühliger Kompass. Er zeigt dir, was stimmt – und was nicht. Was heilt – und was stresst.
Er speichert Erfahrungen, Emotionen, alte Geschichten – aber auch Klarheit, Kraft und Lebendigkeit.

Viele Frauen sind so sehr im Kopf, dass sie die Signale des Körpers erst wahrnehmen, wenn sie „laut" werden: Rückenschmerzen, Verspannungen, Müdigkeit, Migräne, innere Unruhe.
Doch du darfst heute den Spieß umdrehen.
Nicht warten, bis dein Körper „streikt" – sondern aktiv den Kontakt zu ihm pflegen.

Dein Körper ist nicht dein Feind. Er ist dein Zuhause.
Und wenn du lernst, ihm zuzuhören, wirst du staunen, wie viel Weisheit in dir lebt.

 Übung: Weisheit des Körpers – Dein Inneres spricht in Empfindungen

Schließe die Augen, atme tief ein – und scanne einmal deinen Körper durch:
Wo fühlst du Spannung? Wo Weite? Was zeigt sich?

Schreibe auf:

- Welche Botschaft könnte mein Körper mir heute geben?
- Was brauche ich auf körperlicher Ebene gerade wirklich?

Formuliere einen Satz:

„Ich ehre meinen Körper als meinen Verbündeten."

📄 Zitat

„Dein Körper hört alles, was du über dich denkst." – Caroline Myss

---

🔄 Mini-Challenge

Schenke deinem Körper heute eine bewusste, nährende Geste: sanftes Strecken, Barfußgehen, eine gesunde Mahlzeit, liebevolle Berührung – oder einfach Ruhe.

Tag 46: Präsenz im Moment – Jetzt ist genug

Es gibt nur einen Moment, in dem du wirklich lebst: Jetzt.
Und doch sind wir so oft woanders.
Im Gestern, das nicht mehr veränderbar ist.
Im Morgen, das noch nicht da ist.
Im Innenkino aus Sorgen, Planungen, Selbstgesprächen.

Präsenz ist kein Zustand, den du „erreichst".
Es ist ein Zurückkommen. Immer wieder.
In diesen Atemzug. Diesen Blick. Diesen Schritt.
Nicht spektakulär. Aber echt.

Viele Menschen suchen nach Erfüllung in der Zukunft – und
übersehen, dass das Leben jetzt stattfindet.
Wenn du im Moment ankommst, ändert sich dein Erleben:
Du atmest tiefer. Du hörst feiner. Du spürst dich.
Nicht, weil alles perfekt ist – sondern weil du da bist.

Heute darfst du üben, präsent zu sein – in kleinen Momenten.
Nicht als Leistung. Sondern als Einladung an dich selbst:
Ich bin hier. Und das genügt.

✍ Übung: Weisheit des Körpers – Dein Inneres spricht in
Empfindungen

Was hindert mich oft daran, im Moment zu sein?
Welche Gedanken reißen mich raus?
Welche Situationen helfen mir, präsent zu werden?

Führe ein Mini-Tagebuch über den Tag:
Wann war ich heute wirklich im Jetzt?
Wie hat sich das angefühlt?

 Zitat

„Die Gegenwart ist der einzige Ort, an dem das Leben wirklich geschieht." – Eckhart Tolle

---

Mini-Challenge

Halte heute für einen Moment inne – bei etwas Alltäglichem.
Atme. Sieh. Spür.
Sag dir innerlich: „Jetzt ist genug."

🔔 Tag 47: Die Kraft der Stille – Raum zwischen den Worten

Stille ist mehr als Abwesenheit von Lärm.
Sie ist ein Raum. Eine Quelle. Ein Ort, an dem das Wesentliche hörbar wird.
In der Stille sortieren sich Gedanken. Gefühle dürfen auftauchen.
Tiefe Antworten steigen auf.

Aber viele Menschen fürchten die Stille.
Weil sie ungewohnt ist. Weil sie Konfrontation bedeutet. Weil sie uns mit dem verbindet, was wir sonst überspielen.
Doch genau darin liegt ihre Kraft:
Stille ist ehrlich. Und sie urteilt nicht.
Sie empfängt – und wandelt.
Wenn du ihr Raum gibst, wirst du Dinge hören, die du lange übertönt hast – und vielleicht auch eine neue Klarheit entdecken.

Stille musst du nicht „schaffen". Du musst ihr nur nicht mehr ausweichen.

Heute darfst du dich ihr zuwenden – und dabei dir selbst begegnen. Dir bewusstwerden, dass du dich selber überall hin mitnimmst.

Übung: Weisheit des Körpers – Dein Inneres spricht in Empfindungen

Wann meide ich Stille – bewusst oder unbewusst?
Was taucht auf, wenn ich nicht abgelenkt bin?

Plane heute 10–15 Minuten echte Stille ein. Kein Handy, kein Input, kein Tun.
Nur Dasein.
Danach: Was hast du gehört? Gesehen? Gefühlt?

📄 Zitat

„In der Stille hörst du nicht nichts – du hörst alles, was du vorher übertönt hast." – Khalil Gibran

---

🔄 Mini-Challenge

Schaffe dir heute eine stille Insel. Und geh nicht gleich wieder raus.
Bleib. Atme. Lausche. Lass dich berühren.

⏱ Tag 48: Standortbestimmung – Zwischenbilanz mit offenem Herzen

Manchmal ist es wichtig, einfach stehen zu bleiben. Nicht, um aufzugeben. Sondern um zu spüren: Wo bin ich eigentlich gerade?

Wir leben oft in Vorwärtsbewegung. Neue Impulse, neue Schritte, neue Ziele. Und dabei verlieren wir manchmal das Gefühl für unseren Standort. Dabei ist genau dieses Innehalten entscheidend. Denn wenn du weißt, wo du gerade bist, kannst du klarer entscheiden, wie du weitergehst – und ob du vielleicht etwas loslassen oder anders gewichten möchtest.

Heute darfst du dich ganz bewusst einladen, still zu werden. Dich umzuschauen. In deinem Inneren. Nicht mit Bewertung, sondern mit Neugier.
Was hat sich in dir verändert in den letzten Wochen?
Wo hat sich etwas bewegt, auch wenn es im Außen vielleicht gleich aussieht?
Was trägst du jetzt klarer, bewusster, tiefer in dir?

Vielleicht spürst du, dass du wacher bist. Oder weicher. Oder einfach nur präsenter.
Vielleicht hast du gelernt, dich besser zu halten – in Gedanken, Gefühlen oder Entscheidungen.
Vielleicht hast du öfter innegehalten als früher, mehr Grenzen gesetzt, öfter Ja oder Nein gesagt aus der Mitte heraus.

Diese Veränderung ist nicht immer laut. Aber sie ist echt.

Heute brauchst du keine Ziele. Kein Weiter. Kein Besser.
Heute darfst du einfach nur anerkennen: Ich bin auf dem Weg.
Und das genügt.

 Übung: Standortbestimmung – Zwischenbilanz mit offenem Herzen

Beantworte schriftlich, ganz spontan:

- Was hat sich in den letzten Wochen in mir verändert – im Denken, Fühlen oder Handeln?
- Was möchte ich gern vertiefen – nicht weil ich „muss", sondern weil es mir guttut?
- Welche Erkenntnis hat mich überrascht?

Und dann:
Schreib dir einen Satz auf, der deinen inneren Standort heute ausdrückt.
Z. B.: „Ich bin angekommen – in einem neuen Abschnitt meines Weges."

📃 Zitat

„Manchmal geschieht das größte Wachstum genau dann, wenn du einen Moment still bleibst." – Unbekannt

---

↻ Mini-Challenge

Plane dir heute 10 Minuten ganz ohne Input – kein Handy, kein
Gespräch, kein To-do. Nur du, ein ruhiger Ort und ein
inneres: „Ich bin hier."
Spür, wie es sich anfühlt, einfach nur dich selbst wahrzunehmen.

📖 Tag 49: Entschleunigen – Der sanfte Weg zu mehr Tiefe

Schneller ist nicht immer besser. Und viel ist nicht gleichbedeutend mit wertvoll.
Doch genau das vermittelt uns die Welt da draußen: Tempo, Leistung, Effizienz.
„Du musst mehr schaffen."
„Du musst mithalten."
„Du darfst den Anschluss nicht verlieren."

Aber was, wenn genau das der Grund ist, warum so viele Menschen sich leer, getrieben und innerlich getrennt fühlen?

Entschleunigung ist kein Rückschritt. Sie ist eine Rückkehr.
Zu deinem Rhythmus.
Zu deiner Wahrnehmung.
Zu deiner Verbindung mit dem, was du wirklich brauchst.
Wenn du langsamer wirst, wirst du tiefer.
Deine Gedanken bekommen Raum. Deine Sinne werden wacher.
Du spürst wieder, was wirklich wesentlich ist.

Viele Frauen merken gar nicht, wie viel sie sich zumuten – bis der Körper streikt, die Stimmung kippt oder sie sich selbst nicht mehr hören können.
Dabei braucht es nicht immer radikale Pausen.
Oft reichen kleine Entschleunigungsinseln, die bewusst gestaltet sind: ein langsamer Tee, ein bewusstes Gehen, eine Minute tiefer Atem.

Heute darfst du dir diesen Raum nehmen. Nicht als Luxus –
sondern als liebevolle Rückverbindung.
Denn du bist kein Produktionssystem. Du bist ein fühlendes,
schöpferisches Wesen.
Und du darfst langsam sein. Du darfst weich sein. Du darfst
atmen.

✐ Übung: Standortbestimmung – Zwischenbilanz mit
offenem Herzen

Wie schnell ist mein Alltag im Moment – auf einer Skala von 1–
10?
Was würde mir guttun, um innerlich langsamer zu werden?

Schreibe auf:
– Was ich heute entschleunigen möchte
– Welchen inneren Satz ich mir selbst dazu schenken kann
(z. B. „Ich darf mir Zeit nehmen.")

📜 Zitat

„Nicht alles, was du verlierst, ist ein Verlust. Manches ist nur
Tempo, das du nicht mehr brauchst." – Unbekannt

⟳ Mini-Challenge

Wähle heute eine Alltagstätigkeit, die du absichtlich langsamer und bewusster machst – z. B. Essen, Gehen, Zähneputzen. Spür, wie sich dein innerer Zustand verändert.

Tag 50: Halbzeit – Deine Reise würdigen

Heute ist dein 50. Tag.
Du hast die Hälfte dieser Reise durchlebt, durchfühlt,
durchgeschrieben.
Und egal, wie konstant du warst oder wie oft du dich „verloren"
hast:
Du bist hier. Und das allein ist ein Zeichen deiner inneren Stärke.

Wie oft feiern wir den Anfang – und das Ende. Aber
das Dazwischen bleibt oft still.
Dabei ist genau hier das Leben.
Das tägliche Dranbleiben.
Die vielen kleinen Schritte.
Die stillen Momente, in denen du weitergemacht hast – obwohl
niemand zugesehen hat.

Heute ist ein Tag zum Innehalten.
Zum Rückblicken – nicht mit Bewertung, sondern mit
Wertschätzung.
Zum Wahrnehmen, was sich verändert hat:
in dir, in deinen Gedanken, in deiner Haltung zum Leben.
Vielleicht spürst du mehr Klarheit.
Vielleicht mehr Ruhe.
Vielleicht einfach nur: Ich bin mir näher.

All das zählt.
Du hast die Hälfte geschafft.
Und du hast noch eine Hälfte vor dir – voller Möglichkeiten,
Tiefe, Veränderung, Freude.

Heute ist kein Neuanfang.
Heute ist eine Würdigung.
Und ein stilles, starkes:
Ich geh weiter. Für mich.

 Übung: Standortbestimmung – Zwischenbilanz mit offenem Herzen

Nimm dir ein neues Journalblatt oder eine Seite ganz für dich.
Und schreibe:

- Worauf bin ich stolz?
- Was habe ich über mich gelernt?
- Was hat sich in mir verändert?
- Was nehme ich mit in die zweite Hälfte?

Schreib dir einen liebevollen Brief von deinem heutigen Ich an dein Ich von Tag 1.

📄 Zitat

„Du bist weiter, als du glaubst. Und näher bei dir, als du denkst."
– Unbekannt

🔄 Mini-Challenge

Feier dich heute. Auf deine Art.
Lass dich ein auf einen Moment von: Ich bin gut unterwegs.

Tanze, schreib, spazier – oder tu einfach nichts.
Was zählt, ist: Du anerkennst dich.

🖐 Tag 51: Leichtigkeit zulassen – Wenn Tiefe nicht schwer sein muss

Viele Menschen verwechseln Tiefe mit Schwere.
Sie glauben, dass echte Entwicklung nur dann möglich ist, wenn sie schmerzhaft, anstrengend, fordernd ist. Und natürlich: Innere Prozesse fordern uns. Wachstum tut manchmal weh. Loslassen kostet Kraft.
Aber es gibt auch eine andere Seite.
Die Seite, in der Veränderung leicht sein darf.
Weil du aufhörst, gegen dich zu kämpfen.
Weil du beginnst, mit dir zu fließen, statt dich zu zwingen.
Weil du erkennst: Ich darf lachen, auch wenn ich mich entwickle.
Ich darf leicht sein, auch wenn ich tief empfinde.

Leichtigkeit ist nicht Oberflächlichkeit.
Sie ist Weite. Raum. Luft zum Atmen.
Sie ist ein inneres „Ich darf" statt „Ich muss".
Sie bringt Licht in das, was schwer geworden ist – nicht um es zu verdrängen, sondern um es durchlässiger zu machen.

Vielleicht hast du gelernt, dich nur dann „richtig" zu fühlen, wenn du dich bemühst. Wenn du nachdenkst. Wenn du es ernst meinst.
Aber heute darfst du dich fragen: Darf's auch leicht gehen?

Was, wenn du dich nicht durch dein Leben arbeiten musst – sondern es gestalten darfst, mit Freude, mit Neugier, mit einem inneren Lächeln?

Leichtigkeit beginnt in deinem Blick. In deinem Ton. In deiner Haltung dir selbst gegenüber.

Und sie ist nicht das Ziel – sie ist der Weg.

 Übung: Standortbestimmung – Zwischenbilanz mit offenem Herzen

Beantworte für dich:

- Wo in meinem Leben habe ich zuletzt Leichtigkeit gespürt – ehrlich und ohne Schuldgefühl?
- Wo bin ich sehr ernst oder streng mit mir – obwohl es vielleicht auch leichter gehen dürfte?
- Was wäre ein konkreter Schritt in Richtung mehr Leichtigkeit heute?

Formuliere einen Satz wie:

„Ich öffne mich für Leichtigkeit – auch mitten in der Tiefe."

📋 Zitat

„Leichtigkeit ist nicht das Gegenteil von Tiefe – sie ist ihre Begleiterin." – Unbekannt

---

⟳ Mini-Challenge

Tu heute etwas mit Leichtigkeit, das du sonst mit Anstrengung machst.

Z. B. tanze beim Aufräumen, lache über deinen inneren Kritiker, sag „Ich probier's einfach mal" statt „Ich muss das perfekt machen".

🦋 Tag 52: Selbstvertrauen stärken – Innere Sicherheit leben

Selbstvertrauen klingt oft wie etwas, das man entweder hat – oder eben nicht.
Doch in Wahrheit ist es kein fester Zustand, sondern eine lebendige Beziehung zu dir selbst.
Es ist das Vertrauen in dein eigenes Denken, Fühlen, Handeln – gerade dann, wenn es wackelt. Gerade dann, wenn du nicht weißt, wie es weitergeht.

Viele Frauen warten darauf, selbstbewusster zu sein, bevor sie losgehen.
Aber Selbstvertrauen entsteht nicht durch Warten – sondern durch Gehen.
Durchs Ausprobieren, durch Erfahrung, durch das mutige „Ich mach's trotzdem."

Vielleicht bist du geprägt von Sätzen wie:
„Ich weiß nicht, ob ich das kann."
„Andere sind da viel weiter."
„Was, wenn ich scheitere?"

Doch genau hier liegt die Einladung: Selbstvertrauen heißt nicht, dass du dir immer sicher bist.
Es heißt, dass du dir selbst vertraust – auch, wenn du es noch nicht weißt.
Dass du an deiner Seite bleibst. Dass du deinen Weg nicht aufgibst, nur weil es gerade nicht glatt läuft.

Es hilft, sich zu fragen:
Was habe ich schon alles geschafft – auch wenn ich anfangs gezweifelt habe?

Was wäre, wenn mein Mut wichtiger wäre als mein Perfektionismus?

Heute darfst du beginnen, dir wieder zu vertrauen.
Nicht blind. Sondern bewusst.
Weil du dich kennenlernst.
Weil du deine Kraft erinnerst.
Weil du weißt: Ich bin auf meiner Seite – und das zählt.

 Übung: Halbzeit – Deine Reise würdigen

Schreibe dir drei Situationen auf, in denen du unsicher warst – und es trotzdem geschafft hast.
Dann beantworte:

- Was hat mich damals getragen?
- Wie habe ich mir selbst bewiesen, dass ich vertrauenswürdig bin?

Schreib dir eine Erinnerung:

„Ich habe allen Grund, mir zu vertrauen."

📑 Zitat

„Vertraue dir – du hast dich schon durch mehr getragen, als du denkst." – Unbekannt

⟳ Mini-Challenge

Triff heute eine kleine Entscheidung, nur aus deinem Gefühl
heraus. Ohne Bestätigung. Ohne Rückversicherung.
Sag dir: „Ich darf das entscheiden – für mich."

🔁 Tag 53: Mit Scheitern umgehen – neu anfangen dürfen

Scheitern ist kein Beweis für dein Versagen.
Es ist ein Beweis dafür, dass du den Mut hattest, etwas zu wagen.
Und trotzdem trifft es uns oft hart – besonders, wenn wir es mit unserem Wert verknüpfen.
„Ich hab's nicht geschafft = Ich bin nicht genug."

Doch was, wenn Scheitern kein Ende, sondern ein Übergang ist?
Ein Umbruch, ein Lernmoment, ein Klärungspunkt?
Viele der stärksten Menschen, die wir kennen, haben oft und sichtbar „gescheitert".
Aber sie sind nicht dortgeblieben.
Sie haben sich erlaubt, weiterzugehen – mit Narben, mit Fragen, mit Kraft.

Du darfst heute deinen Blick auf das Scheitern neu ausrichten.
Es nicht schönreden – aber würdigend anschauen.
Denn Scheitern macht dich nicht klein – es macht dich echt.

Vielleicht ist etwas in deinem Leben nicht so gelaufen wie geplant.
Vielleicht hast du eine Beziehung verloren, ein Projekt abgebrochen, eine Chance nicht genutzt.
Dann frag dich nicht nur: Was ging schief?
Sondern: Was habe ich gelernt?
Wer bin ich heute – gerade durch diese Erfahrung?

Du darfst neu anfangen. So oft du willst.
Und du darfst dich dabei selbst mitnehmen – nicht nur deinen Ehrgeiz, sondern auch deine Weichheit.

✎ Übung: Halbzeit – Deine Reise würdigen

Schreibe über ein „Scheitern", das dich geprägt hat.

- Was ist passiert?
- Wie hast du dich gefühlt?
- Was hast du daraus gelernt?

Dann: Was darf heute neu entstehen – trotzdem?

Formuliere:

„Ich bin nicht mein Scheitern – ich bin mein Weitergehen."

📃 Zitat

„Manchmal scheiterst du nicht – du wirst neu geformt." – Unbekannt

---

🔄 Mini-Challenge

Tu heute etwas, das du beim ersten Mal nicht „geschafft" hast – mit neuer Haltung.
Erlaube dir, es noch einmal zu versuchen – diesmal nicht, um zu beweisen, sondern um zu erleben.

🗣️ Tag 54: Deine innere Stimme – Wie du mit dir sprichst, verändert alles

Die Art, wie du mit dir selbst sprichst, ist entscheidend.
Denn du bist diejenige, die jeden Gedanken hört, den du denkst.
Dein innerer Dialog prägt deine Stimmung, deine Entscheidungen, deinen Selbstwert.

Und oft ist diese Stimme viel kritischer, härter, fordernder als nötig.
„Das war nicht gut genug."
„Reiß dich zusammen."
„Andere kriegen das besser hin."

Aber: Du musst nicht alles glauben, was du über dich denkst.
Du kannst deine innere Stimme formen – wie einen Muskel.
Du kannst sie liebevoller machen.
Klarer. Wahrhaftiger.

Heute geht es nicht um „positive Gedanken" um jeden Preis.
Es geht um ehrliche, freundliche Gedanken.
Gedanken, die dich stärken statt schwächen.
Gedanken, die Raum lassen.
Gedanken, die dich erinnern: Ich bin auf meiner Seite.

✍️ Übung: Halbzeit – Deine Reise würdigen

Höre heute achtsam auf deine inneren Sätze.
Welche 3 Gedanken wiederholen sich in schwierigen Momenten?

Dann: Was würdest du deiner besten Freundin sagen, wenn sie so mit sich spricht?

Formuliere deine neuen inneren Sätze – kraftvoll, klar und warm.

„Ich darf Fehler machen und trotzdem wertvoll sein."

📜 Zitat

„Sprich mit dir, wie du mit jemandem sprechen würdest, den du liebst." – Brené Brown

---

🔄 Mini-Challenge

Wähle heute einen Satz, der dich stärkt – und wiederhole ihn mehrfach bewusst.
Sprich ihn laut oder innerlich, so oft du kannst.
Spür, wie sich deine Haltung verändert.

✿ Tag 55: Wer bin ich, wenn ich nicht funktioniere?

Wir sind so sehr daran gewöhnt, zu funktionieren, zu leisten, präsent zu sein, zu geben – dass wir uns oft mit unserer Funktion verwechseln.
Die, die organisiert ist.
Die, die stark bleibt.
Die, die immer hilft.
Die, die alles im Griff hat.

Doch was passiert, wenn du mal nicht funktionierst?
Wenn du müde bist? Überfordert? Unklar? Wenn du keine Antwort weißt – oder keine Kraft hast?

Wer bist du dann?

Diese Frage kann tief verunsichern – oder sie kann dich befreien.
Denn du bist nicht deine Leistung. Du bist nicht deine Rolle. Du bist nicht deine Reaktion auf Erwartungen.
Du bist ein Mensch.
Mit Atem. Mit Geschichte. Mit Gefühl.
Mit einem inneren Raum, der auch dann besteht, wenn du gerade nichts „bringst".

Wahre Selbstannahme beginnt genau hier:
Dich auch dann zu lieben, zu halten, zu sehen, wenn du „aus der Rolle" fällst.
Wenn du weich wirst. Wenn du loslässt. Wenn du sagst: „Ich kann gerade nicht."

Du musst nicht ständig funktionieren, um wertvoll zu sein.
Dein Sein ist genug.
Und du darfst dich selbst auch dann achten – oder gerade dann –
, wenn du leer bist.

Denn genau dort, im Nicht-Funktionieren, beginnt oft das wahre Spüren.

✎ Übung: Halbzeit – Deine Reise würdigen

Beantworte in deinem Journal:

- Wann war ich zuletzt nicht funktionierend, aber trotzdem ehrlich verbunden mit mir?
- Welche inneren Bilder habe ich von „genug sein"?
- Was würde ich mir heute erlauben, wenn ich nichts beweisen müsste?

Formuliere:

„Ich bin auch dann ich, wenn ich nichts leiste."

📖 Zitat

„Du bist nicht hier, um zu leisten. Du bist hier, um zu leben." – Unbekannt

---

🔄 Mini-Challenge

Erlaube dir heute eine Pause, auch wenn du meinst, sie dir nicht „verdient" zu haben.
Und dann: Atme. Und tu für 10 Minuten nichts – außer dich selbst sein.

⬣ Tag 56: Gesunde Abgrenzung – Liebevoll und klar

Grenzen sind keine Mauern – sie sind Türen mit einem Schloss,
zu dem nur du den Schlüssel hast.
Viele Frauen verwechseln Grenzen mit Egoismus.
Doch in Wahrheit sind sie ein Akt von Selbstrespekt – und ein
Geschenk an jede Beziehung.

Denn nur, wenn du dich selbst gut schützt, kannst du echt
begegnen.
Ohne Groll. Ohne Überforderung. Ohne Verbiegen.
Grenzen sagen: „Ich kenne meinen Raum – und ich achte
deinen."

Aber es braucht Mut, Grenzen zu setzen.
Vielleicht fürchtest du Ablehnung, Konflikte oder
Missverständnisse.
Doch was ist die Alternative?
Verletzung? Selbstverrat? Dauerhafter Energieverlust?

Heute darfst du dich fragen:
Was ist mein Raum – emotional, körperlich, zeitlich?
Und was darf ich liebevoll, aber klar nicht mehr mittragen?

Grenzen schützen nicht nur vor anderen – sie verbinden dich
wieder mit dir.

✍ Übung: Halbzeit – Deine Reise würdigen

Wähle eine konkrete Situation, in der du deine Grenze
regelmäßig übergehst.
Beantworte:

- Warum fällt mir Abgrenzung hier schwer?
- Was würde sich verändern, wenn ich klarer wäre?

Dann: Formuliere einen klaren, liebevollen Satz, den du in dieser Situation verwenden könntest.
Z. B.: „Ich verstehe dich – und gleichzeitig brauche ich jetzt Ruhe."

📖 Zitat

„Grenzen zu setzen ist kein Rückzug. Es ist ein Bekenntnis zu dir selbst." – Unbekannt

---

🔄 Mini-Challenge

Übe heute eine kleine Grenzhandlung – ein Nein, eine Bitte um Raum, ein ehrlich kommunizierter Wunsch.
Beobachte, wie es sich in dir anfühlt, klar zu sein.

🖤 Tag 57: Intimität mit dir selbst – Der Mut zur Nähe

Intimität beginnt nicht mit einem anderen Menschen.
Sie beginnt in dir.
Mit der Bereitschaft, dich selbst zu spüren. Mit deiner Wahrheit
zu sein. Mit dir in Kontakt zu treten – ohne Flucht, ohne Maske.

Viele Menschen fürchten Intimität, weil sie glauben, sie müssten
dabei „perfekt echt" sein.
Aber Intimität ist nicht Perfektion.
Sie ist das Gegenteil von Vermeidung.

Intim mit dir selbst zu sein bedeutet, still zu werden.
Dich zu fragen:
Wie geht es mir wirklich?
Was fühle ich – unter dem Denken, unter dem Funktionieren?
Was wünsche ich mir – ganz ehrlich?

Es ist nicht immer leicht, dir selbst nahe zu kommen.
Aber es ist heilsam.
Denn je besser du dich spürst, desto klarer wirst du.
Desto echter wirst du in deinen Beziehungen.
Desto weniger musst du dich anpassen – und desto mehr kannst
du wirklich verbinden.

Heute darfst du ganz nah bei dir sein.
Zart. Wahr. Offen.
Nicht alles muss erklärt werden. Aber es darf gefühlt werden.

✐ Übung: Halbzeit – Deine Reise würdigen

Plane dir 15 Minuten ungestörte Zeit nur für dich.
Beantworte in deinem Journal:

- Wann war ich mir zuletzt ganz nah?
- Welche inneren Anteile habe ich in letzter Zeit vermieden oder abgelehnt?
- Was möchte ich mir selbst heute sagen, wenn ich mutig wäre?

Schreib einen Intimitätsbrief an dich selbst.

📄 Zitat

„Intimität ist der Raum, in dem du ganz du sein darfst – ohne Angst, ohne Maske." – Unbekannt

---

🔄 Mini-Challenge

Verbringe heute bewusst 15 Minuten mit dir selbst – ohne Input, ohne Ziel.
Nur da sein. Spüren. Schreiben. Oder einfach atmen.
Lass Nähe entstehen – von innen.

🐊 Tag 58: In die Tiefe gehen – Ehrlich statt oberflächlich

Tiefe ist kein Drama.
Sie ist auch keine Last.
Sie ist ein Geschenk.
Denn in der Tiefe findest du das, was wirklich zählt:
Echtheit. Verbindung. Sinn. Berührung.

Aber viele Menschen fürchten die Tiefe.
Sie fürchten, was sie dort sehen könnten.
Alte Gefühle. Unbequeme Fragen. Verletzlichkeit.
Und so bleiben sie an der Oberfläche – beschäftigt, funktionierend, stark.
Doch die Seele lebt nicht an der Oberfläche.
Sie atmet unten.
Sie ruft dich dorthin – nicht um dich zu überfordern, sondern um dich ganz zu machen.

Tiefe bedeutet, dir selbst zuzuhören.
Nicht sofort Lösungen zu suchen. Nicht jedes Gefühl zu optimieren.
Sondern dazubleiben.
Mit dir.
In einem ehrlichen Blick. In einem echten Gespräch. In einem Satz, der nicht schön ist, aber wahr.

Heute darfst du den Mut aufbringen, dich nicht mehr zu verstecken.
Vor dir selbst – und damit auch nicht mehr vor der Welt.

✎ Übung: Halbzeit – Deine Reise würdigen

Nimm dir 20 Minuten Zeit und beantworte:

- Was fühle ich unter dem, was ich zeige?
- Was vermeide ich gerade?
- Was wäre das Ehrlichste, das ich mir selbst sagen könnte?

Schreib diesen Satz auf – und dann: Atme. Bleib. Halte dich.

📃 Zitat

„Tiefe ist kein Ort der Angst – sie ist der Ort, an dem du dir wirklich begegnest." – Unbekannt

---

🔄 Mini-Challenge

Wähle heute eine Begegnung oder ein Moment, in dem du ehrlicher bist als sonst.
Nicht radikal. Sondern spürbar.
Sei da – ganz.

Tag 59: Klarheit finden – Was dir wirklich wichtig ist

Klarheit ist nicht immer sofort da.
Sie ist nicht der laute Geistesblitz, nicht die perfekte Vision, nicht
das allwissende Bauchgefühl.
Oft ist sie leise.
Sie kommt, wenn du dich entscheidest, ehrlich hinzusehen.
Wenn du aufhörst, dich zu überfordern, zu vergleichen oder
wegzuschauen.
Klarheit braucht nicht zwingend mehr Denken – sondern
mehr Wahrhaftigkeit.

Viele Menschen glauben, sie müssten erst alle Fakten kennen,
um eine Entscheidung zu treffen.
Doch Klarheit beginnt oft viel früher – da, wo du spürst, was
nicht (mehr) stimmig ist.
Vielleicht ist da eine Beziehung, die nicht mehr nährt.
Ein Job, der längst zu eng ist.
Ein Gedanke, der dich immer wieder kleinmacht.

Und vielleicht kennst du das: Du weißt es längst – aber du traust
dich nicht, es zuzulassen.
Denn Klarheit bringt Konsequenzen. Sie bewegt etwas. Sie stellt
Dinge in Frage.
Aber sie schenkt dir auch: Freiheit. Kraft. Präsenz.

Heute darfst du ehrlich sein. Ohne Drama, ohne sofort zu
handeln.
Nur sehen, was ist. Und dir selbst glauben.
Klarheit ist nicht Härte. Sie ist Liebe – für deine Wahrheit.

✍️ Übung: Halbzeit – Deine Reise würdigen

Was ist gerade in mir nicht mehr klar?
Was vermeide ich zu benennen – obwohl ich es tief drin längst weiß?

Schreib es auf. Ohne zu werten. Nur aufschreiben.
Dann:

„Ich darf sehen, was wahr ist – in meinem Tempo."

📃 Zitat

„Klarheit entsteht nicht durch mehr Denken – sondern durch ehrliches Fühlen." – Unbekannt

---

🔄 Mini-Challenge

Sag dir heute bei jeder Unsicherheit innerlich:
„Ich erlaube mir, die Wahrheit zu erkennen – auch, wenn sie mich herausfordert."

♡ Tag 60: Entscheidungen treffen mit dem Herzen

Entscheidungen treffen wir jeden Tag. Große, kleine, bewusste und unbewusste.
Doch wie oft entscheidest du wirklich aus deinem Herzen – und nicht nur aus Pflicht, Angst oder Vernunft?

Die Stimme des Herzens ist oft leiser als die des Verstandes.
Sie meldet sich nicht mit Argumenten, sondern mit einem Gefühl.
Ein inneres Ziehen. Eine Wärme. Oder ein stilles, aber eindeutiges „Hier lang."

Viele Frauen sind konditioniert, ihre Entscheidungen abzusichern:
Was denken andere? Was könnte schiefgehen? Ist das realistisch?
Doch das Herz fragt anders:
Was fühlt sich echt an? Was lässt mich aufblühen? Was entspricht meiner inneren Wahrheit?

Natürlich hat der Verstand seinen Platz. Er darf prüfen, schützen, strukturieren.
Aber er darf nicht allein entscheiden.
Denn das führt oft zu Entscheidungen, die „sinnvoll" sind – aber dich leer lassen.
Dein Herz kennt deinen Weg.
Nicht in Fakten – aber in Wahrheit.

Heute darfst du dich mit dieser Wahrheit verbinden.
Nicht impulsiv. Aber klar.
Nicht als Rebellion – sondern als Rückverbindung.

Eine Entscheidung aus dem Herzen ist nicht immer bequem.
Aber sie ist echt.
Und sie bringt Frieden – auch wenn sie Mut erfordert.

✍ Übung: Halbzeit – Deine Reise würdigen

Spür in eine konkrete Entscheidung, die du gerade mit dir trägst
– groß oder klein.
Beantworte:

- Was sagt mein Verstand dazu?
- Und was sagt mein Herz – wenn ich ganz ehrlich bin?

Dann: Schreib die „Herzentscheidung" in einem Satz auf – und
fühl sie in deinem Körper.

📃 Zitat

„Das Herz hat Gründe, die der Verstand nicht kennt."
– Blaise Pascal

🔄 Mini-Challenge

Triff heute eine kleine, aber bewusste Entscheidung mit dem
Herzen.
Z. B. „Was tut mir heute gut?" – und folge der Antwort.
Vertrau dir.

🎭 Tag 61: Authentisch sein – Nicht nur angepasst

Anpassung ist eine Überlebensstrategie.
Viele Frauen haben gelernt, früh zu spüren, was andere
brauchen – und sich danach zu richten.
Sie sind „angenehm", „hilfsbereit", „leicht zu haben".
Doch manchmal verlieren sie sich dabei selbst.

Authentizität heißt nicht, immer zu sagen, was du denkst.
Es heißt: mit dir in Kontakt bleiben, auch wenn es unbequem
wird.
Es heißt: nicht eine Rolle spielen – sondern echt sein.

Und ja, das kann Angst machen.
Denn was, wenn du aneckst? Was, wenn du abgelehnt wirst?
Aber was, wenn du genau dadurch sichtbar wirst – als die, die du
wirklich bist?

Authentisch sein ist ein Akt von Mut.
Aber es ist auch eine Form von Entlastung.
Weil du aufhörst, dich zu verbiegen.
Weil du spürst: Ich darf sein, wie ich bin – nicht nur, wenn es
anderen passt.

Heute darfst du üben, dich selbst wieder zu zeigen.
Nicht in der ganzen Welt – aber dir selbst gegenüber.

Dein echtes Sein ist kein Risiko.
Es ist deine Rückverbindung.

✍️ Übung: Halbzeit – Deine Reise würdigen

In welchen Situationen passe ich mich regelmäßig an – obwohl es
sich innerlich nicht stimmig anfühlt?

Was hätte ich in einer solchen Situation authentisch gesagt oder getan, wenn ich mutig gewesen wäre?

Formuliere:

„Ich darf echt sein – auch wenn es unbequem ist."

📃 Zitat

„Ich ziehe es vor, durch das zu erschüttern, was ich bin, als durch das zu beeindrucken, was ich nicht bin."
– Mary Shelley

🔁 Mini-Challenge

Sei heute in einer kleinen Situation bewusster du selbst – im Ton, in der Mimik, im Nein oder Ja.
Spür nach: Wie fühlt sich das an?

🐊 Tag 62: Gefühle ausdrücken – statt sie zu verschlucken

Viele von uns haben gelernt, Gefühle zu kontrollieren.
Nicht zu laut sein. Nicht zu emotional. Nicht „überreagieren".
Und so haben wir gelernt, zu schlucken statt zu sprechen.
Zu lächeln statt zu fühlen.
Uns zusammenzureißen – statt uns zu zeigen.

Doch Gefühle wollen fließen.
Sie sind Energie, Bewegung, Information.
Wenn du sie unterdrückst, verschwinden sie nicht – sie stauen sich.
Im Körper. Im Inneren. In Beziehungen.

Gefühle ausdrücken ist kein Drama. Es ist Gesundheit.
Es ist die Erlaubnis, dich ganz zu zeigen – mit deiner Freude, deiner Wut, deiner Trauer, deiner Zärtlichkeit.
Nicht, um andere zu überfordern.
Sondern, um dich selbst nicht mehr zu verlassen.

Heute darfst du dich fragen:
Wo halte ich Gefühle zurück?
Was will in mir endlich gehört werden?

Du musst nicht alles „lösen".
Aber du darfst es ausdrücken – in Worten, in Bewegung, in Schreiben, im Weinen.
Denn unter jedem verschluckten Gefühl wartet ein Stück Freiheit.

 Übung: Halbzeit – Deine Reise würdigen

Welche drei Gefühle zeige ich selten – obwohl ich sie oft
empfinde?
Warum? Was fürchte ich?

Dann: Wähle ein Gefühl aus – und drücke es kreativ aus:
Schreib einen Brief, male es, tanz es, sprich es laut.

📋 Zitat

„Gefühle wollen durch dich hindurch – nicht gegen dich
arbeiten."
– Thich Nhat Hanh

🔄 Mini-Challenge

Finde heute einen Weg, ein echtes Gefühl auszudrücken, das du
sonst oft verdrängst – liebevoll, bewusst, in sicherem Rahmen.

〰 Tag 63: Scham verstehen und würdevoll halten

Scham ist ein Gefühl, das wir kaum benennen – und doch kennen wir es alle.
Es kommt leise, aber mit voller Wucht.
Scham sagt nicht: „Ich habe etwas falsch gemacht."
Scham sagt: „Mit mir stimmt etwas nicht."

Dieses Gefühl ist zutiefst menschlich – aber auch zutiefst lähmend.
Denn wenn du dich schämst, willst du dich verstecken. Du ziehst dich zurück, du verstummst, du passt dich an.
Viele Frauen tragen Scham tief in sich – Scham über den Körper, über Bedürfnisse, über Scheitern, über „nicht genügen".

Doch hier ist die Wahrheit: Du bist nicht falsch.
Nie gewesen.
Scham ist nicht dein Wesen.
Sie ist ein Gefühl – entstanden durch Prägung, durch Erziehung, durch gesellschaftliche Erwartungen.

Und du darfst lernen, mit ihr liebevoll umzugehen.
Nicht sie zu unterdrücken – aber sie zu halten.
Denn: Scham verliert ihre Macht, wenn du sie ans Licht bringst.

Wenn du beginnst, darüber zu sprechen.
Wenn du erkennst: Ich bin nicht allein.
Wenn du dich selbst in deiner Menschlichkeit annimmst – auch in deiner Unvollkommenheit.

Heute darfst du der Scham begegnen.
Nicht, um sie zu besiegen.
Sondern um dich selbst würdevoll zu halten.

✏️ Übung: Halbzeit – Deine Reise würdigen

Welche Themen in meinem Leben sind mit Scham belegt?
Wo trage ich das Gefühl: „Ich bin nicht richtig" – obwohl es kein
objektives „falsch" gibt?

Was würde sich verändern, wenn ich liebevoller auf diese Stellen
schauen würde?

Schreib:

„Ich bin würdevoll – auch in meiner Verletzlichkeit."

📄 Zitat

„Wenn wir über Scham sprechen, verliert sie ihre Macht."
– Brené Brown

🔄 Mini-Challenge

Sprich heute mit einer vertrauten Person über etwas, wofür du
dich schämst – auf deine Weise, in deinem Tempo.
Oder: Schreib es auf. Für dich. Und lies es dir laut vor – würdevoll
und frei.

⬚ Tag 64: Verletzlichkeit als Kraft

Verletzlichkeit wird oft missverstanden.
Als Schwäche.
Als Unsicherheit.
Als Risiko.
Doch in Wahrheit ist sie reine Stärke.
Denn Verletzlichkeit heißt: Ich bin bereit, mich zu zeigen – ohne zu wissen, wie es ausgeht.

Viele Menschen bauen Mauern auf, um sich zu schützen.
Und ja: Schutz ist wichtig, wenn du verletzt wurdest.
Aber manchmal bleibt der Schutz bestehen, wenn keine Gefahr mehr da ist.
Und dann wird er zum Gefängnis.

Verletzlich zu sein bedeutet nicht, alles zu teilen.
Es bedeutet, echt zu sein.
Zu sagen: Ich fühle. Ich hoffe. Ich zittere. Ich zeige mich trotzdem.

In Beziehungen entsteht wahre Nähe nur dort, wo Verletzlichkeit Raum hat.
Nicht, wo wir perfekt sind – sondern wo wir ehrlich sind.
Wo wir nicht glänzen – sondern atmen.

Heute darfst du üben, dich zu öffnen.
Für dich selbst – und vielleicht für jemand anderen.
Nicht alles auf einmal. Aber ein bisschen mehr.
Denn deine Verletzlichkeit ist kein Mangel – sie ist Menschlichkeit.

✍ Übung: Halbzeit – Deine Reise würdigen

Wann war ich das letzte Mal wirklich verletzlich – nicht schwach, sondern offen?

Was hat das mit mir gemacht?

Wo wünsche ich mir mehr Nähe – und könnte ich vielleicht den ersten Schritt machen?

Schreib einen Satz, den du heute jemandem sagen würdest, wenn du mutig wärst.
Z. B.: „Ich habe Angst, aber ich will dir ehrlich begegnen."

📑 Zitat

„Verletzlichkeit ist nicht der Beweis von Schwäche – sie ist der Ursprung von Mut."
– Brené Brown

🔄 Mini-Challenge

Wähle heute eine kleine Geste der Verletzlichkeit: eine ehrliche Nachricht, ein echtes Gefühl, ein Satz, den du sonst zurückhältst. Spür: Was passiert in dir?

 Tag 65: Verzeihen lernen – dir selbst und anderen

Verzeihen ist kein leichtes Thema.
Und es ist kein schneller Prozess.
Aber es ist ein zutiefst heilsamer Weg – nicht für andere, sondern für dich.

Wenn du verletzt wurdest, ist es verständlich, dass du wütend bist. Traurig. Enttäuscht.
Manchmal sogar bitter.
Und oft glauben wir, Verzeihen hieße: „Es war nicht so schlimm" oder „Ich vergesse es einfach."
Doch das ist es nicht.

Verzeihen bedeutet nicht, dass du gutheißt, was passiert ist.
Es bedeutet: Ich entscheide, dass es mich nicht länger binden soll.
Ich lasse los – nicht die Verantwortung der anderen, sondern den Schmerz in mir.
Und manchmal bedeutet Verzeihen auch, dir selbst zu begegnen:
Für das, was du getan hast – oder nicht getan hast.
Für das, was du zugelassen hast – obwohl du dich selbst verraten hast.
Auch das darf heilen.

Verzeihen ist ein Geschenk, das du dir machst.
Ein Schritt in Richtung Frieden.
Heute darfst du diesen Schritt erwägen – nicht aus Zwang, sondern aus Liebe.
Für dich.

 Übung: Halbzeit – Deine Reise würdigen

Wem trage ich noch etwas nach – bewusst oder unbewusst?

Was halte ich fest – und was kostet es mich?

Was bräuchte ich, um zu vergeben – nicht sofort, aber irgendwann?

Schreib einen Verzeihungsbrief – an dich oder jemand anderen. Du musst ihn nicht abschicken. Aber du darfst ihn fühlen.

📄 Zitat

„Vergebung ist der Duft, den die Blume verströmt, wenn sie zertreten wird."
– Mark Twain

🔄 Mini-Challenge

Tu heute eine Handlung, die Heilung in Richtung Verzeihen bringt – ein Brief, ein Gedanke, ein Gespräch, eine Geste. Mach sie für dich.

🛁 Tag 66: Selfcare ist kein Luxus – sondern Verantwortung

Selfcare ist mehr als ein Schaumbad.
Mehr als eine Duftkerze, eine Pause, ein Yoga-Post auf Instagram.
Selfcare ist radikale Verantwortung für dich selbst.
Für deine Energie. Deinen Körper. Deinen inneren Raum.

Viele Frauen halten Selfcare für egoistisch.
Oder für einen Bonus, den man sich „verdienen" muss – nach einem langen Tag, nach guter Leistung, nach Fürsorge für andere.
Doch was, wenn du dir erlaubst, Selfcare nicht als Belohnung, sondern als Grundhaltung zu sehen?

Du bist die Einzige, die wirklich spürt, was du brauchst.
Und du bist die Einzige, die dauerhaft mit dir lebt.
Was passiert, wenn du dich immer hinten anstellst?
Wenn du dich übergehst, aushöhlst, funktionierst?

Dann wird irgendwann leer, was eigentlich strahlen will.
Dann wird das Herz schwer, der Körper müde, das Leben eng.

Selfcare bedeutet:
Ich höre auf mich.
Ich nehme mich ernst.
Ich setze Grenzen.
Ich nähre mich, bevor ich gebe.

Es braucht keine große Zeremonie.
Es braucht Hingabe an dich selbst.

Und manchmal bedeutet Selfcare, Dinge nicht zu tun.
Nicht alles zu regeln. Nicht alles zu tragen. Nicht alles zu kontrollieren.
Sondern einfach: bei dir bleiben.

Heute darfst du diese Haltung bewusst leben.
Nicht später. Nicht wenn „Zeit ist".
Jetzt.

✍ Übung: Halbzeit – Deine Reise würdigen

Was ist Selfcare für mich – ehrlich?
Wo verwechsle ich sie mit Konsum, Ablenkung oder Belohnung?

Was bräuchte ich heute, um wirklich bei mir anzukommen?

Schreib drei Dinge auf, die du ab sofort regelmäßig für dich tun willst – nicht, weil du musst, sondern weil du es wert bist.

„Ich übernehme Verantwortung für mein Wohlbefinden."

📖 Zitat

„Selfcare ist nicht Selbstsucht. Es ist Selbstachtung."
– Audre Lorde

⟳ Mini-Challenge

Tu heute eine Sache nur für dich.
Nicht, um etwas zu erreichen – sondern um dich zu nähren.
Und feiere dich dafür. Ohne Rechtfertigung.

💬 Tag 67: Bedürfnisse erkennen und ernst nehmen

Bedürfnisse sind keine Schwäche.
Sie sind ein Teil deiner Lebendigkeit.
Doch viele Frauen haben verlernt, ihre Bedürfnisse zu spüren –
geschweige denn, sie auszusprechen.
Sie wurden oft darin geprägt, für andere da zu sein. Stark zu sein.
Angepasst zu sein.
Und irgendwo auf dem Weg haben sie sich selbst verloren.

Doch du hast das Recht, Bedürfnisse zu haben.
Nach Ruhe. Nach Nähe. Nach Freiheit. Nach Struktur.
Nach Sinn, nach Raum, nach Berührung.
Bedürfnisse sind nicht „zu viel".
Sie sind Hinweise deiner Seele.

Und: Sie sind veränderlich.
Was du gestern brauchtest, musst du heute nicht mehr wollen.
Was du heute brauchst, darfst du neu entdecken.

Der erste Schritt ist das Erkennen.
Der zweite ist das Ernstnehmen.
Nicht jede*r kann sie erfüllen.
Aber du darfst sie dir zugestehen.

Heute darfst du dich dir selbst wieder annähern.
Nicht über den Kopf – sondern über das ehrliche Fragen:
Was brauche ich gerade wirklich?
Nicht, um „richtig" zu sein. Sondern um wahr zu sein.

 Übung: Halbzeit – Deine Reise würdigen

Wie gehe ich mit meinen Bedürfnissen um?

- Unterdrücke ich sie?
- Leugne ich sie?
- Erwarte ich, dass andere sie erraten?

Schreib dir auf:
– Drei aktuelle Bedürfnisse
– Einen liebevollen Satz dazu, z. B.:

„Mein Bedürfnis nach Ruhe ist berechtigt – und ich darf es kommunizieren."

📖 Zitat

„Was du brauchst, ist kein Luxus – es ist ein Ruf deiner inneren Wahrheit."
– Clarissa Pinkola Estés

🔄 Mini-Challenge

Teile heute ein Bedürfnis ehrlich mit – dir selbst gegenüber, oder einer Person, die es betrifft.
Bleib klar. Bleib liebevoll. Bleib bei dir.

 Tag 68: Nein sagen ohne Schuld

Nein sagen ist ein Akt von Selbstachtung.
Und gleichzeitig fällt es vielen Frauen schwer.
Warum?

Weil sie gelernt haben, dass Liebe mit Anpassung verknüpft ist.
Dass sie gefallen müssen, um angenommen zu werden.
Dass „Nein" egoistisch ist – und Schuld erzeugt.

Doch jedes Ja, das gegen dein Gefühl geht, ist ein Nein zu dir selbst.
Und jedes echte Nein ist ein Ja zu deiner Klarheit.
Nein sagen bedeutet nicht, dass du andere abweist.
Es bedeutet, dass du dich ernst nimmst. Ein Nein im Außen ist ein Ja zu dir!

Grenzen schaffen keine Distanz – sie schaffen Respekt.
Und manchmal braucht es nur den ersten Schritt, um zu spüren:
Ich darf das. Ich darf Nein sagen. Ich darf Raum haben.

Ja, Schuldgefühle können auftauchen.
Aber Schuld ist nicht gleich Schuldigkeit.
Du darfst sie halten – und trotzdem klar bleiben.

Heute übst du, dich von innen heraus abzugrenzen.
Nicht, um dich zu schützen – sondern um ehrlich zu bleiben.

Übung: Halbzeit – Deine Reise würdigen

In welchen Situationen sage ich Ja, obwohl ich Nein fühle?

Was glaube ich, würde passieren, wenn ich wirklich Nein sage?

Schreib dir einen Satz auf:

„Ich darf Nein sagen – ohne mich schuldig zu fühlen."

Formuliere 1–2 Sätze, mit denen du künftig klar, aber liebevoll
Nein sagen willst.

📄 Zitat

„Ein Nein aus tiefstem Herzen ist liebevoller als ein Ja, das gesagt
wird, um zu gefallen."
– Mahatma Gandhi

🔄 Mini-Challenge

Sage heute ein bewusstes Nein – zu etwas, das nicht deinem
Gefühl entspricht.
Und beobachte: Wie fühlt es sich an, bei dir zu bleiben?

🕰 Tag 69: Zeit für dich – bewusst geschaffen

Zeit für dich selbst ist nicht das, was „übrig bleibt".
Es ist das, was du dir bewusst nimmst.
Und das braucht Klarheit. Entscheidung. Und manchmal auch Mut.
Denn gerade Frauen wurden oft dazu erzogen, sich selbst hintenanzustellen.
„Erst die Arbeit, dann das Ich."
„Sei nicht egoistisch."
„Du kannst später ausruhen."

Doch später kommt oft nie.
Oder es kommt erst, wenn du schon überfordert, erschöpft oder innerlich leer bist.
Deshalb darfst du heute eine neue Wahrheit einladen:
Zeit für dich ist kein Luxus – sie ist ein Akt der Selbstachtung.
Und niemand sonst kann sie dir geben – wenn du sie dir nicht selbst nimmst.

Es geht nicht um große Auszeiten, Wochenenden in der Natur oder das perfekte Morgenritual (auch wenn das alles wundervoll sein kann).
Es geht um Alltagsmomente, die du dir widmest.
5 Minuten mit geschlossenen Augen.
10 Minuten langsames Essen.
Ein bewusstes Nein zu einer Anfrage, damit du Raum hast.

Diese Art von Zeit verändert etwas in dir.
Sie signalisiert: Ich bin wichtig. Ich gehöre mir.
Und aus dieser inneren Haltung wächst etwas Neues: Energie, Klarheit, Kreativität – und Ruhe.

Du darfst es dir wert sein.
Heute. Nicht erst, wenn du „alles erledigt" hast.
Dein Sein ist Grund genug.

 Übung: Halbzeit – Deine Reise würdigen

Wie sieht meine Woche aktuell aus – wo bin ich dauernd im Außen?
Wann nehme ich mir Zeit für mich – und wie fühlt sich das an?

Plane heute konkret:
– 1 kurzer Moment für dich am Morgen
– 1 bewusste Auszeit am Tag
– 1 liebevolle Kleinigkeit am Abend

„Ich darf Zeit für mich schaffen – nicht, weil ich muss, sondern weil ich darf."

📋 Zitat

„Tu dir Gutes. Du bist der Mensch, mit dem du dein ganzes Leben verbringst."
– Buddha

⟳ Mini-Challenge

Schenke dir heute 15 Minuten nur für dich. Kein Ziel, keine Leistung – nur Dasein.
Atme. Lies. Stille. Musik. Spür: Das bin ich.

🤝 Tag 70: Körperfreundlichkeit im Alltag

Dein Körper ist nicht dein Feind.
Und auch nicht nur ein „Gefäß", das funktionieren muss.
Er ist dein Zuhause.
Der Ort, an dem du fühlst, atmest, spürst, dich bewegst.
Und doch behandeln wir ihn oft mit Härte.
Wir übergehen seine Bedürfnisse.
Wir kritisieren seine Form.
Wir hören erst auf ihn, wenn er nicht mehr mitmacht.

Körperfreundlich zu leben heißt nicht, jeden Tag voller
Selbstliebe im Spiegel zu stehen.
Es heißt: respektvoll, achtsam, liebevoll mit dir selbst zu sein
– auch dann, wenn du dich nicht „gut" fühlst.
Es bedeutet, ihn nicht zu optimieren – sondern zu ehren.
Nicht nur für das, was er „leistet", sondern dafür, dass er trägt.
Jeden Tag.

Was braucht dein Körper heute?
Vielleicht mehr Ruhe.
Vielleicht Bewegung.
Vielleicht Weichheit. Oder Abgrenzung. Oder Wasser.
Er spricht – immer. Die Frage ist: Hörst du hin?

Heute darfst du deinen Körper wieder als Verbündeten sehen.
Nicht als Gegner.
Nicht als Baustelle.
Sondern als Teil von dir, der gesehen und geachtet werden will.

✍ Übung: Halbzeit – Deine Reise würdigen

Wie spreche ich innerlich über meinen Körper?
Welche Stellen kritisiere ich regelmäßig?
Was wünsche ich mir – nicht optisch, sondern körperlich fühlbar?

Schreib einen liebevollen Körperbrief an dich:

„Danke, dass du mich jeden Tag trägst, auch wenn ich dich nicht immer gut behandle."

📋 Zitat

„Dein Körper ist dein erstes Zuhause. Behandle ihn wie heiligen Boden."
– Thich Nhat Hanh

🔄 Mini-Challenge

Tu heute eine Sache nur deinem Körper zuliebe.
Ein achtsamer Spaziergang, ein gesundes Essen, eine Massage, ein Nein zu Überforderung.
Sag innerlich: „Ich kümmere mich um dich."

🖌 Tag 71: Detox von mentalem Lärm

Der Lärm in deinem Kopf ist oft lauter als alles, was im Außen passiert.
Gedanken. Sorgen. Listen. Stimmen.
Und viele davon sind nicht einmal deine.
Sie stammen von Erwartungen, Konditionierungen, alten Glaubenssätzen.

Du musst nicht alles glauben, was du denkst.
Und du musst auch nicht jedem Gedanken Gehör schenken.
Denn viele Gedanken sind Lärm – kein Leitstern.

Mentales Detox heißt nicht, „nichts mehr zu denken".
Es heißt: bewusst unterscheiden.
Was ist hilfreich? Was ist wahr? Was ist nur Echo?

Manche Gedanken halten dich klein.
Andere treiben dich an – bis zur Erschöpfung.
Wieder andere verhindern Stille, weil sie dich in Dauerschleifen halten.

Heute darfst du beginnen, innerlich aufzuräumen.
Nicht radikal. Nicht mit Gewalt.
Sondern mit liebevoller Klarheit:
Dieser Gedanke tut mir nicht gut – ich darf ihn ziehen lassen.

✍ Übung: Halbzeit – Deine Reise würdigen

Beobachte heute deine Gedanken – besonders in stillen
Momenten.
Welche Sätze wiederholen sich?
Welche davon sind hart, kritisch oder überfordernd?

Notiere drei davon – und schreib jeweils eine freundlichere,
klarere Version daneben.
Z. B.:
„Ich bin nicht schnell genug." → „Ich gehe in meinem Tempo –
und das ist genug."

📑 Zitat

„Nicht jeder Gedanke verdient eine Reaktion."
– Eckhart Tolle

🔁 Mini-Challenge

Nimm dir heute 10 Minuten für einen mentalen Reset.
Atme. Schreib. Meditiere. Oder geh spazieren – ganz
bewusst ohne etwas zu „lösen".
Spür: Wie klingt dein Kopf, wenn du still wirst?

🌙 Tag 72: Der weibliche Zyklus als Kraftquelle

Viele Frauen erleben ihren Zyklus als Last.
Unberechenbar. Schmerzhaft. Energiezehrend.
Und doch ist er ein Spiegel ihrer inneren Kraft.
Ein Rhythmus, der nicht stört – sondern führt.
Wenn du ihn kennst. Wenn du ihn ehrst.

Der Zyklus ist nicht nur eine biologische Abfolge von Hormonen.
Er ist ein innerer Jahreszeitenlauf.
Du blühst. Du wächst. Du ziehst dich zurück. Du erneuerst dich.
Immer wieder.
Und wenn du beginnst, diese Phasen zu verstehen, kannst du
dich besser halten, besser planen, besser annehmen.

Es gibt Zeiten im Monat, da sprühst du vor Ideen – und andere,
da brauchst du Rückzug.
Beides ist richtig.
Beides ist stark.
Der Punkt ist: Lern, dich darin zu lesen – statt dich darin zu
verurteilen.

Heute darfst du dich mit deinem Zyklus versöhnen.
Oder dich ihm vielleicht zum ersten Mal überhaupt liebevoll
zuwenden.

✍️ Übung: Halbzeit – Deine Reise würdigen

Wo im Zyklus befinde ich mich gerade (wenn zutreffend)?
Was spüre ich körperlich, emotional, geistig?

Wie würde ich meine Energie heute beschreiben – und wie kann
ich darauf Rücksicht nehmen?

Wenn du keinen natürlichen Zyklus (mehr) hast:
Was ist gerade deine innere Jahreszeit? Frühling? Sommer?
Rückzug?

„Ich bin zyklisch – und das ist Teil meiner Kraft.“

📑 Zitat

„Wenn Frauen im Einklang mit ihrem Zyklus leben, leben sie im
Einklang mit ihrer Natur.“
– Miranda Gray

🔄 Mini-Challenge

Plane heute eine kleine Handlung, die deinen aktuellen
Rhythmus achtet:
mehr Ruhe? Mehr Ausdruck? Mehr Weichheit?
Tu es – und ehre dich darin.

🔥 Tag 73: Rituale vertiefen – Alltag mit Bedeutung füllen

Rituale sind keine Gewohnheiten.
Sie sind auch kein starrer Rahmen.
Rituale sind bewusste Handlungen mit Bedeutung.
Momente, in denen du dich an dich selbst erinnerst.

Im Gegensatz zur Routine, die oft automatisch geschieht, ist ein Ritual eine Einladung.
Zum Innehalten. Zum Rückverbinden. Zur Zentrierung.
Und das Schöne ist: Du brauchst keine äußere Erlaubnis, um Rituale zu leben.
Du darfst sie dir selbst schenken – in deiner Sprache, deinem Tempo, deiner Tiefe.

Vielleicht ist es eine Kerze am Morgen.
Ein Mantra, das du beim Zähneputzen sprichst.
Ein bewusster Tee am Abend, ein Journal-Eintrag nach dem Duschen, eine kleine Geste am Schreibtisch.
Es geht nicht darum, wie „spirituell" oder „produktiv" es aussieht.
Es geht darum, was es in dir bewegt.

Rituale geben dir Struktur – nicht als Zwang, sondern als Haltepunkte.
Sie sagen: Ich bin da. Ich gestalte meinen Tag. Ich bin mehr als Funktion.

Gerade in einer Welt, in der so vieles rast, brauchst du diese Räume.
Sie machen deinen Alltag bedeutungsvoll.
Nicht, weil du mehr tust – sondern, weil du bewusster lebst.

Heute darfst du dich fragen:
Welche Rituale nähren mich wirklich – und welche sind nur Gewohnheit geworden?

Welche könnten tiefer gehen, echter werden, heilig im Kleinen?

✍️ Übung: Halbzeit – Deine Reise würdigen

Notiere: Welche 3 Rituale habe ich bereits (bewusst oder unbewusst)?
Was bewirken sie in mir?

Welche 1–2 neuen Rituale möchte ich vertiefen oder einführen – nicht als Pflicht, sondern als liebevolle Verankerung?

„Ich gestalte meinen Tag mit Bedeutung – weil ich es mir wert bin."

📄 Zitat

„Ein Ritual ist ein Fenster zur Seele mitten im Lärm des Alltags."
– Clarissa Pinkola Estés

🔄 Mini-Challenge

Wähle heute ein bewusstes Mikro-Ritual, das du 3 Tage durchziehen willst – mit Herz.

Z. B.: ein Satz am Morgen, eine Hand aufs Herz vor dem Schlafen, eine Dankbarkeitsminute vor dem Essen.
Tu es mit Präsenz.

🧠 Tag 74: Zeitmanagement im Einklang mit deinem Nervensystem

Zeit ist nicht nur eine Frage der Planung.
Sie ist eine Frage der Verarbeitung.
Denn dein Körper, dein Nervensystem, dein Energielevel
bestimmen, wie du Zeit erlebst.
10 Minuten in Stress fühlen sich anders an als 1 Stunde in
Klarheit.
Ein voller Kalender kann dich nähren – oder lähmen.
Es kommt nicht nur darauf an, was du tust, sondern wie du dich
dabei fühlst.

Viele Zeitmanagement-Modelle setzen auf Effizienz.
Sie wollen dich „produktiver" machen.
Doch oft führen sie zu Überforderung – weil sie den
menschlichen Faktor vergessen:
deinen Zyklus, deine emotionalen Rhythmen, deinen Stresspegel,
deine Reizverarbeitung.

Heute darfst du anfangen, deine Zeitgestaltung neu zu denken:
nicht als Kampf gegen die Uhr, sondern als Kooperation mit dir
selbst.
Was nährt dich?
Wann bist du kreativ?
Wann brauchst du Rückzug?
Und was ist für heute wirklich wesentlich?

Weniger Termine können mehr Tiefe bringen.
Mehr Pausen können mehr Kraft erzeugen.
Und klare Strukturen – angepasst an dich – schaffen Raum
für Freiheit statt Druck.

 Übung: Halbzeit – Deine Reise würdigen

Reflektiere:

- Was in meinem Zeitverhalten fühlt sich chronisch eng, überfordernd oder gehetzt an?
- Welche 3 Dinge brauche ich, damit sich mein Tag „regulierter" anfühlt? (z. B. Puffer, Pausen, Übergangszeiten)

Plane einen Tagesablauf, der dein Nervensystem mit einbezieht – nicht ideal, sondern realistisch.

„Ich darf Zeit so gestalten, dass mein Körper mitkommt."

 Zitat

„Zeit gut zu nutzen heißt nicht, mehr zu tun – sondern mit dir im Einklang zu sein."
– Tara Brach

🔄 Mini-Challenge

Plane heute einen Termin mit dir selbst – 30 Minuten ohne Aufgabe, nur für Regeneration.
Block ihn im Kalender. Und halt ihn ein.
Spür: Wie fühlt sich das an?

⊛ Tag 75: Vision rekalibrieren – Wohin du wirklich willst

Manchmal hast du eine Vision – und irgendwann merkst du: Sie passt nicht mehr.
Oder: Sie war nie ganz meine.
Oder: Ich habe mich verändert – und mein Ziel ist stehen geblieben.

Das ist kein Scheitern.
Das ist Wachstum.

Denn echte Visionen sind nicht in Stein gemeißelt.
Sie sind lebendig. Sie atmen mit dir. Sie dürfen sich wandeln.
Je mehr du dich dir näherst, desto klarer wird: Was will ich wirklich – jetzt, nicht damals?

Vielleicht war dein Ziel einst Sicherheit – und heute sehnst du dich nach Freiheit.
Vielleicht war dir Status wichtig – und heute wünschst du dir Verbundenheit.
Vielleicht warst du im Tun – und spürst jetzt: Ich will Sein.

Eine Vision ist kein „Businessplan".
Sie ist ein inneres Bild von dem Leben, das dich erfüllt.
Nicht perfekt. Aber wahr.

Heute darfst du dich einladen, deine Vision zu prüfen.
Nicht aus Zweifel – sondern aus Ehrlichkeit.

Was ruft dich heute?
Welche Zukunft fühlt sich nach dir an?

Übung: Halbzeit – Deine Reise würdigen

Was wollte ich früher – und was davon ist heute noch stimmig? Was hat sich verändert in mir?

Formuliere neu – nicht aus dem Kopf, sondern aus dem Herz:

„Meine Vision ist … weil sie mich lebendig macht."

Spür, was sich weit anfühlt – nicht was sich „machbar" anfühlt.

📋 Zitat

„Vision ist das, was dein Herz sieht, wenn es ehrlich ist."
– Martha Beck

🔄 Mini-Challenge

Teile heute deine neue (oder überarbeitete) Vision mit dir selbst – in einem Brief, einem Bild oder einer Sprachnotiz. Mach sie real. Für dich.

Tag 76: Manifestation mit Bodenhaftung

Manifestation – ein Wort, das oft zwischen Zauber und Zweifel schwebt.
Für manche klingt es wie Magie, für andere wie Illusion.
Doch was, wenn Manifestation nichts Abgehobenes ist?
Sondern ein bewusster Prozess aus innerer Klarheit, Ausrichtung und Handlung?

Manifestieren heißt nicht: „Ich denke es – und es passiert von allein."
Manifestieren heißt: Ich verbinde mein Inneres mit meinem Äußeren.
Ich spüre, was ich will. Ich formuliere es klar.
Ich erlaube mir, es für möglich zu halten.
Und ich tue die Schritte, die mich dorthin führen – auch wenn sie klein sind. Auch wenn sie Mut brauchen.

Viele Frauen spüren Wünsche, Sehnsüchte, Visionen – aber sie stoppen sich selbst:
Darf ich das wollen? Bin ich das wert? Was, wenn es nicht klappt?

Manifestation beginnt mit einem Ja zu dir.
Ein Ja zu deinem Potenzial.
Ein Ja zu deiner Wirkkraft.
Ohne Garantien – aber mit Vertrauen.

Heute darfst du deine Träume erden.
Nicht, indem du sie kleinmachst – sondern indem du sie in Bewegung bringst.

 Übung: Halbzeit – Deine Reise würdigen

Was wünsche ich mir – ehrlich, groß, tief?

Was hält mich davon ab, diesen Wunsch als realistisch zu betrachten?

Formuliere deinen Wunsch als Manifestationssatz:

„Ich erlaube mir, [Wunsch] zu empfangen, weil ich es mir wert bin."

Und dann: Was wäre der erste kleine Schritt, der das Wunschbild greifbarer macht?

📑 Zitat

„Du musst bereit sein, das Leben zu empfangen, das du zu träumen wagst."
– Danielle LaPorte

🔄 Mini-Challenge

Mach heute einen bewussten Schritt in Richtung deiner Vision. Ein Anruf, ein Impuls, ein Aufräumen, ein klares Ja oder Nein. Mach's echt. Mach's für dich.

⚡ Tag 77: Vom Wollen ins Tun – Widerstände sanft überwinden

Wollen ist der erste Schritt.
Tun ist der zweite – und oft der schwerste.
Denn zwischen Wunsch und Handlung liegt häufig eine stille Zone:
Zweifel. Trägheit. Aufschieberitis. Angst.
Und manchmal einfach Überforderung.

Aber: Du musst nicht alles auf einmal tun.
Du darfst klein anfangen.
Und du darfst dich sanft bewegen – nicht mit Druck, sondern mit Entschlossenheit.

Denn jeder kleine Schritt, der aus dir heraus entsteht, ist stärker als ein perfekter Plan, der nie umgesetzt wird.
Viele Frauen warten auf den perfekten Moment.
Auf mehr Energie. Auf weniger Angst. Auf das „richtige Zeichen".
Doch der Moment ist: jetzt.

Vom Wollen ins Tun zu kommen, heißt:
– ehrlich zu spüren, was dich wirklich ruft
– Widerstände zu erkennen, ohne ihnen das Steuer zu überlassen
– und trotzdem loszugehen.

Heute darfst du anfangen.
Nicht um zu beweisen, dass du stark bist.
Sondern um dir selbst zu zeigen: Ich bin handlungsfähig – in meinem Tempo.

Übung: Halbzeit – Deine Reise würdigen

Was will ich seit Längerem tun – tue es aber nicht?

Was hält mich zurück – ehrlich?
(Angst, Bewertung, Überforderung, kein Plan?)

Was wäre ein Mikro-Schritt – unterhalb der
Widerstandsschwelle?

„Ich komme ins Tun – auch wenn ich noch nicht perfekt bereit
bin."

📋 Zitat

„Start before you're ready."
– Steven Pressfield

🔄 Mini-Challenge

Wähle heute eine Sache, die du schon länger aufschiebst – und
mach den ersten Schritt.
Nur einen. Aber bewusst.
Spür: Was ändert sich innerlich?

🔒 Tag 78: Blockaden lösen – Innere Knoten achtsam entwirren

Manchmal willst du – aber du kannst nicht.
Du weißt, was du brauchst – aber du sabotierst dich selbst.
Du planst – und gehst nicht los.

Das sind innere Blockaden.
Keine Charakterschwäche. Keine Faulheit.
Sondern alte Muster, Ängste, Überzeugungen, die tief in dir
gespeichert sind.
Manche sind erlernt. Manche stammen aus früheren
Erfahrungen. Manche wurden dir weitergegeben.

Blockaden zeigen sich als:
– chronisches Aufschieben
– übermäßiger Perfektionismus
– Angst vor Erfolg
– ständiges Anpassen
– „Ich kann nicht"-Sätze

Aber hier ist die Wahrheit: Blockaden sind nicht das Ende.
Sie sind Hinweise. Türen. Einladung zum tiefer Schauen.
Du musst sie nicht wegsprengen.
Aber du darfst sie entwirren.

Heute ist ein Tag für liebevolle Konfrontation.
Für sanftes Hinsehen. Für inneres Aufräumen.
Nicht, um dich zu „reparieren".
Sondern um dich wieder in Fluss zu bringen.

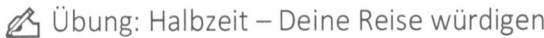 Übung: Halbzeit – Deine Reise würdigen

Was in mir fühlt sich gerade blockiert oder wie festgefahren an?

Welcher innere Satz steckt vielleicht dahinter?
(„Ich bin nicht gut genug", „Ich darf das nicht", „Ich schaff das eh nicht" ...)

Was würde ich meinem inneren Kind sagen, das diesen Satz glaubt?

Schreib einen Antwortbrief an diesen inneren Anteil – voller Verständnis und Ermutigung.

„Ich bin bereit, die Knoten in mir mit Liebe zu lösen."

 Zitat

„Alles, was dich blockiert, will nicht bekämpft, sondern verstanden werden."
– Carl Gustav Jung

⟳ Mini-Challenge

Mach heute eine Handlung entgegen einer alten Blockade.
Sag etwas, was du sonst vermeidest. Probier etwas aus.
Sei milde – aber entschlossen.

🎯 Tag 79: Fokus statt Zerstreuung – Zurück zur Essenz

In einer Welt voller Reize ist Fokus ein Geschenk.
Nicht nur, weil du mehr „schaffst". Sondern weil du dich selbst wieder findest.
Zerstreuung ist überall – auf dem Bildschirm, im Kopf, im Herzen.
Du fängst etwas an, verlierst dich, vergleichst dich, reagierst, springst weiter.

Doch wahre Klarheit kommt nicht vom Multitasking.
Sie kommt, wenn du bei einer Sache bleibst. Bei dir.

Fokus ist nicht nur Konzentration – es ist eine innere Ausrichtung.
Was zählt für mich gerade wirklich?
Worauf möchte ich meine Energie heute bewusst lenken?

Denn alles, worauf du dich konzentrierst, wächst.
Zerstreuung schwächt. Fokus bündelt.
Und dieser Bündelpunkt ist oft unscheinbar:
Ein Atemzug.
Ein bewusstes Ja.
Ein Nein zu allem, was dich wegführt von deiner Mitte.

Heute darfst du wählen, was heute zählt.
Nicht für immer – aber für diesen Tag.
Du musst nicht alles tun.
Du musst nicht alles sehen.
Aber du darfst präsent sein bei dem, was dir entspricht.

 Übung: Halbzeit – Deine Reise würdigen

Was lenkt mich im Alltag regelmäßig ab – emotional, gedanklich, digital?
Was würde sich verändern, wenn ich mich heute auf nur 1–2 Dinge konzentriere?

Formuliere deinen Satz für heute:

„Ich wähle heute Fokus – nicht, weil ich muss, sondern weil ich will."

📄 Zitat

„Where your attention goes, your energy flows."
– James Redfield

🔄 Mini-Challenge

Schalte heute eine Quelle der Zerstreuung für 3 Stunden bewusst aus: Handy, Social Media, News …
Spür: Was entsteht im Raum der Stille?

⬅️ Tag 80: Abschluss & Neubeginn bewusst gestalten

Etwas geht zu Ende.
Eine Phase, ein Projekt, eine Beziehung, ein innerer Zustand.
Und oft rutschen wir einfach weiter – ohne innezuhalten.
Ohne den Raum dazwischen zu würdigen.
Doch genau dieser Raum zwischen Ende und Neubeginn ist heilig.
Er ist nicht Leere – er ist Wandlung.

Wenn du etwas abschließt, stirbt ein Teil.
Nicht dramatisch – aber deutlich.
Und wenn du etwas Neues beginnst, wird etwas geboren.
Nicht perfekt – aber echt.
Was fehlt, ist nicht ein Plan – sondern ein Übergangsritual.

Heute darfst du einen bewussten Abschluss gestalten.
Vielleicht von etwas Großem.
Vielleicht von etwas ganz Alltäglichem.
Ein Dank. Ein Rückblick. Ein inneres Aufräumen.
Denn: Nur was du würdigst, lässt dich los.
Und nur was du mit Klarheit beginnst, kann wirklich dein werden.

✍️ Übung: Halbzeit – Deine Reise würdigen

Was in meinem Leben fühlt sich nach einem Abschluss an – vollzogen oder überfällig?

Was will ich bewusst beenden – in Liebe, mit Achtung?

Und: Was möchte ich einladen?
Was will heute neu geboren werden?

Schreib dir einen symbolischen Übergangssatz:

„Ich danke dem, was war – und öffne mich für das, was jetzt reifen will."

 Zitat

„Jeder Neuanfang braucht einen würdevollen Abschied."
– Clarissa Pinkola Estés

Mini-Challenge

Gestalte heute ein persönliches Abschlussritual: Schreiben, Kerze, Spaziergang, Sprechen.
Und dann: Tu eine Sache bewusst zum ersten Mal im neuen Kapitel deines Lebens.

🔍 Tag 81: Beziehungsmuster erkennen – Was sich wiederholt, will heilen

Beziehungen sind Spiegel.
Sie zeigen dir nicht nur den anderen – sie zeigen dir dich.
Und manchmal wiederholen sich Muster:
Du ziehst dich zurück.
Du gibst zu viel.
Du fühlst dich oft unverstanden oder brauchst Bestätigung.

Diese Muster sind nicht „Fehler" – sie sind geprägte Reaktionsformen.
Gelernt in deiner Kindheit, in früheren Erfahrungen, aus alten Verletzungen.

Wenn du immer wieder auf ähnliche Weise reagierst – dann ist das kein Zufall.
Es ist ein inneres Drehbuch, das unbewusst mitläuft.
Doch die gute Nachricht ist: Du kannst es umschreiben.

Nicht, indem du dich verurteilst.
Sondern indem du es erkennst, hältst – und neu entscheidest.

Heute darfst du liebevoll hinschauen:
Was wiederholt sich in meinen Beziehungen – und warum?

Nicht alles, was war, muss bleiben.
Du darfst wachsen.
Du darfst anders handeln.
Du darfst Beziehung neu schreiben.

 Übung: Halbzeit – Deine Reise würdigen

Welche Beziehungserfahrungen wiederholen sich bei mir?
Was ist mein typisches Muster – Flucht, Anpassung, Kontrolle, Überverantwortung?

Woher kenne ich dieses Muster – aus meiner Biografie?

Was wäre heute ein neuer Handlungsspielraum?

„Ich erkenne mein Muster – und öffne mich für Veränderung."

📋 Zitat

„Unbewusst gelebte Muster wiederholen sich. Bewusst
gehaltene Muster können heilen."
– Harville Hendrix

🔄 Mini-Challenge

Beobachte dich heute in einer Begegnung – und unterbrich
bewusst ein altes Muster.
Sag etwas Neues. Tu etwas anderes.
Und feier dich für deinen Wachstumsmoment.

🤝 Tag 82: Verantwortung übernehmen in Beziehungen

Verantwortung bedeutet nicht Schuld.
Es bedeutet nicht, alles zu tragen.
Verantwortung heißt: Ich übernehme meinen Teil. Für meine
Worte. Meine Gefühle. Meine Grenzen.

Viele Konflikte entstehen, weil Menschen
sich verantwortungslos fühlen – oder überverantwortlich.
Doch wahre Beziehung lebt von Klarheit.
Wenn du aufhörst zu beschuldigen – und anfängst, dich ehrlich
zu zeigen, verändert sich alles.

Verantwortung übernehmen ist ein Akt von Stärke.
Es sagt: Ich bin in Verbindung mit mir. Ich sehe, was ich tue.
Ich bin bereit, es bewusst zu gestalten.

Heute darfst du dich fragen:
Was gehört wirklich zu mir – und was nicht?

Du musst nicht alles tragen. Aber du darfst aufräumen.
Mit dir. Mit anderen. Mit Liebe.

✍️ Übung: Halbzeit – Deine Reise würdigen

Wähle eine konkrete Beziehung oder Situation.
Was ist mein Anteil daran?

Wo übernehme ich zu viel – und wo zu wenig?

Wie würde echte, reife Verantwortung in dieser Beziehung aussehen?

„Ich übernehme Verantwortung – nicht aus Schuld, sondern aus Bewusstsein."

 Zitat

„Verantwortung ist der Schlüssel zu Freiheit – in jeder Begegnung."
– Byron Katie

🔄 Mini-Challenge

Sag heute in einem Gespräch einen ehrlichen Satz über deinen Anteil.
Z. B. „Da war ich nicht ganz klar." – „Ich hätte besser kommunizieren können."
Spür, was das verändert.

🦉 Tag 83: Erwartungen loslassen – Raum für Echtheit

Erwartungen sind unsichtbare Verträge.
Du solltest …
Ich müsste …
Wenn du mich liebst, dann …

Doch je mehr du erwartest, desto enger wird der Raum zwischen euch.
Erwartungen machen aus Liebe eine Forderung.
Aus Verbindung einen Deal.
Und sie führen zu Enttäuschung – weil sie
oft unausgesprochen sind.

Was wäre, wenn du mehr Begegnung statt Erwartung einlädst?
Wenn du fragst statt forderst?
Wenn du mitteilst statt manipulierst?

Du darfst Wünsche haben.
Aber du darfst loslassen, dass andere sie erfüllen müssen.
Und du darfst aufhören, dich selbst zu verbiegen, um
Erwartungen zu erfüllen, die nicht deine sind.

Heute ist ein Tag für inneres Aufräumen:
Was darf zurückgegeben werden an die Welt?
Und was will echte Verbindung statt stiller Enttäuschung?

✎ Übung: Halbzeit – Deine Reise würdigen

Welche unausgesprochenen Erwartungen trage ich aktuell – in Freundschaft, Liebe, Familie?

Welche davon engen mich oder andere ein?

Was würde entstehen, wenn ich diese Erwartung loslasse – oder in einen Wunsch verwandle?

„Ich lasse los, was nicht mehr dient – und lade Begegnung ein."

📑 Zitat

„Wenn du loslässt, was du erwartest, kannst du empfangen, was wirklich da ist."
– Eckhart Tolle

🔄 Mini-Challenge

Formuliere heute einen Wunsch ohne Erwartungsdruck – an dich selbst oder jemand anderen.
Sag z. B.: „Ich würde mich freuen, wenn … – aber es ist okay, wenn nicht."
Spür die Weite darin.

💬 Tag 84: Kommunikation mit Herz – echt statt ideal

Sprache ist Magie.
Nicht weil sie perfekt sein muss – sondern weil sie berühren kann.
Und doch lernen viele Frauen, sich zurückzunehmen, vorsichtig zu formulieren, Konflikte zu vermeiden.
Stattdessen entstehen Missverständnisse, Schweigen, Spannung – nicht, weil etwas falsch läuft, sondern weil etwas fehlt: echte Verbindung.

Kommunikation mit Herz bedeutet nicht, immer sanft oder freundlich zu sein.
Es bedeutet: authentisch zu sein.
Mitgefühl zu zeigen – ohne dich zu verlieren.
Deine Wahrheit zu sprechen – ohne zu verletzen.
Es heißt: Ich spreche nicht, um zu gewinnen. Ich spreche, um zu verbinden.

Herzkommunikation beginnt mit dir.
Wie sprichst du mit dir selbst?
Wie oft bist du ehrlich – nicht nur sachlich, sondern spürbar?

Heute darfst du deine Sprache zurückholen:
Raus aus den Rollen. Raus aus der Kontrolle.
Hin zu deinem echten Klang.

 Übung: Halbzeit – Deine Reise würdigen

In welchen Situationen rede ich „nett", aber nicht echt?
Was hätte ich kürzlich gerne gesagt – und habe es geschluckt?

Schreib eine kleine Szene um:
Was wäre passiert, wenn du offen und aus dem
Herzen gesprochen hättest?

„Ich darf meine Wahrheit sprechen – mit Klarheit und Herz."

 Zitat

„Sprich, damit ich dich sehen kann."
– Sokrates

🔄 Mini-Challenge

Sag heute einen Satz, den du sonst zurückhältst – ehrlich,
achtsam, aus dem Herzen.
Vielleicht klein. Vielleicht still. Aber echt.

⬣ Tag 85: Grenzen setzen in der Liebe – klar, ohne Schuld

Liebe ist kein Freibrief.
Liebe braucht Raum.
Und Raum braucht Grenzen.

Viele Frauen fürchten, dass ein Nein Trennung bedeutet.
Dass Klarheit hart wirkt.
Dass Grenzen Egoismus sind.
Doch das Gegenteil ist wahr:
Gesunde Grenzen sind gelebte Selbstachtung.
Und nur in der Selbstachtung entsteht echte Nähe.

Grenzen sagen nicht: „Bis hier und nicht weiter."
Sie sagen: „Das bin ich. Und das nicht."
„So darfst du mich berühren – und so nicht."
„Ich sehe dich – und bleibe bei mir."

Grenzen setzen ist kein Angriff – es ist ein Angebot.
An dich. An den anderen.
Ein Raum, in dem wahrhaftige Beziehung möglich wird.

Heute darfst du dich erinnern:
Du darfst dich zeigen – nicht nur in der Offenheit, sondern auch in der Klarheit.

Übung: Halbzeit – Deine Reise würdigen

Wo setze ich zu wenig Grenzen – aus Angst, nicht geliebt zu werden?

Welche Grenze fühlt sich überfällig, aber richtig an?

Formuliere einen Satz, der liebevoll klar ist, z. B.:

„Ich mag dich – aber ich brauche heute Zeit für mich."

„Ich bin bereit, Grenzen zu setzen – um echt zu bleiben."

📄 Zitat

„Grenzen sind das, was uns selbst gehört – nicht, was wir gegen andere richten."
– Brené Brown

🔄 Mini-Challenge

Setze heute eine kleine Grenze – in Worten oder Handlung.
Nicht, um abzugrenzen – sondern um dir Raum zu geben.

Tag 86: Verbindung statt Verschmelzung

Liebe ist Nähe – aber nicht Auflösung.
Viele Menschen verwechseln Tiefe mit Verschmelzung.
Mit „alles gemeinsam", „keine Geheimnisse", „keine Distanz".
Doch wahre Verbindung entsteht, wenn zwei ganze Menschen
sich berühren.
Nicht, wenn sie sich verlieren.

Verschmelzung wirkt romantisch – doch oft steckt darin:
Unsicherheit. Verlustangst. Sehnsucht nach Halt.
Und oft geht dabei etwas verloren: Du.

Verbindung ist anders.
Sie ist Kontakt, ohne Kontrolle.
Resonanz, ohne Symbiose.
Sie sagt: „Ich bin ich – und du bist du. Und wir berühren uns."

Heute darfst du spüren, wo du dich verbindest – und wo du dich
verlierst.
Und du darfst wählen:
Mehr Ich im Wir.

 Übung: Halbzeit – Deine Reise würdigen

Wo verliere ich mich in Beziehungen?
Welche Rolle spiele ich – Helferin, Trösterin, Anpasserin?

Wie würde echte Verbindung für mich aussehen – mit Wahrung meines Raumes?

„Ich bin verbunden – ohne mich aufzulösen."

 Zitat

„In der Verbindung bleibt das Ich lebendig – und das Du respektiert."
– Martin Buber

🔄 Mini-Challenge

Wähle heute eine Begegnung, in der du ganz bei dir bleibst – während du in Kontakt bist.
Spür: Was verändert sich?

⬜ Tag 87: Nähe und Freiheit balancieren

Nähe braucht Mut.
Freiheit braucht Vertrauen.
Und oft stehen sie in Spannung:
Wenn ich mich öffne, verliere ich mich.
Wenn ich mich schütze, verliere ich dich.

Doch das ist ein Trugschluss.
Denn wahre Beziehung lebt nicht von Kontrolle – sondern von Bewegung.
Wie ein Tanz: mal eng, mal frei, mal verbunden, mal getrennt – ohne Bedrohung.

Viele Frauen opfern ihre Freiheit für Nähe.
Oder sie flüchten in Freiheit aus Angst vor Nähe.
Doch heute darfst du etwas Neues spüren:
Beides darf koexistieren.
Du darfst dich öffnen – ohne dich zu verlieren.
Und du darfst dich zurückziehen – ohne dich zu trennen.

Die Balance liegt nicht im Außen.
Sie liegt in deiner inneren Haltung.

✍ Übung: Halbzeit – Deine Reise würdigen

Wie erlebe ich Nähe – als Geschenk oder als Bedrohung?
Wo opfere ich Freiheit, um geliebt zu werden?

Was wäre ein neuer Weg: Ich bleibe frei – und zeige mich?

„Ich erlaube mir Nähe – und bleibe mir gleichzeitig treu."

📑 Zitat

„Freiheit und Nähe sind keine Gegensätze – sie tanzen
miteinander, wenn du es zulässt."
– Unbekannt

🔄 Mini-Challenge

Gestalte heute einen Moment von Nähe – ohne Anpassung.
Und einen Moment von Rückzug – ohne Rechtfertigung.
Spür die Balance in dir.

Tag 88: Liebe empfangen – nicht nur geben

Viele Frauen sind groß im Geben.
Sie halten. Tragen. Versorgen. Verstehen.
Doch wenn es darum geht, zu empfangen – werden sie still.
Unruhig. Unwürdig.
„Ist das nicht zu viel?"
„Muss ich etwas zurückgeben?"

Empfangen erfordert eine andere Art von Mut:
Den Mut, dich berühren zu lassen.
Ohne Gegenleistung.
Ohne Schutzmechanismus.

Liebe empfangen heißt: Ich bin offen. Ich nehme an. Ich halte aus, dass ich gemeint bin.
Und das ist oft schwerer, als zu geben.
Weil es Verletzlichkeit bedeutet.
Weil es dich an deinen Wert erinnert.

Heute darfst du üben, zu empfangen.
Nicht nur Worte – auch Blicke, Hilfe, Komplimente, Zuneigung.
Denn du bist nicht nur die Gebende.
Du bist auch würdig, zu empfangen.

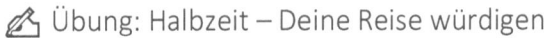 Übung: Halbzeit – Deine Reise würdigen

Was fällt mir schwerer: zu geben – oder zu empfangen?
Warum?

Was könnte ich heute annehmen, ohne es abzuwehren oder
relativieren?

„Ich darf empfangen – ohne mich zu erklären."

 Zitat

„Empfangen ist der stille Mut, sich berühren zu lassen."
– Hildegard von Bingen

🔄 Mini-Challenge

Nimm heute etwas bewusst an – ein Kompliment, Hilfe, Nähe.
Und sag nicht sofort: „Ach, nicht der Rede wert."
Sondern: Danke. Punkt.

Tag 89: Spiritualität im Alltag verankern

Spiritualität wird oft mit besonderen Momenten assoziiert –
Stille, Meditation, Natur, tiefe Einsichten.
Aber echte Spiritualität lebt nicht nur in der Ausnahme,
sondern im Alltag.
In der Art, wie du atmest.
Wie du isst.
Wie du auf jemanden blickst.
Wie du dich selbst hältst inmitten von Chaos, Ungewissheit oder
Lärm.

Du musst nicht gläubig sein, um spirituell zu leben.
Und du musst nicht jeden Tag meditieren oder beten.
Spiritualität beginnt dort, wo du bewusst wirst.
Wo du erkennst, dass du Teil eines größeren Ganzen bist.
Dass dein Herz ein Raum ist, in dem du immer wieder einkehren
kannst.
Dass du verbunden bist – mit etwas Tieferem, Weiserem, Stillem.

Im Alltag zeigt sich Spiritualität nicht nur in besonderen
Momenten, sondern gerade in den kleinen Gesten:
Wenn du beim Geschirrspülen atmest.
Wenn du dein Kind mit Präsenz ansiehst.
Wenn du inmitten eines Konflikts innehältst.
Wenn du beginnst, das Heilige im scheinbar Alltäglichen zu
erkennen.

Vielleicht ist Spiritualität für dich ein stilles Gebet.
Oder das Gehen im Wald.
Oder ein Gespräch, das dich berührt.
Du musst nichts „Großes" tun – aber du darfst anwesend sein.

Heute darfst du dich fragen:
Wo in meinem Leben bin ich spirituell – auch ohne es so zu nennen?
Wie kann ich diese Haltung stärken, vertiefen, in den Alltag integrieren?

Nicht als Aufgabe.
Sondern als Geschenk.
An dich.

✍️ Übung: Halbzeit – Deine Reise würdigen

Woran erkenne ich, dass ich verbunden bin – mit mir, mit dem Leben, mit einer tieferen Kraft?

Was würde passieren, wenn ich Spiritualität nicht „tun", sondern sein würde?

„Ich bin ein Teil des Ganzen – und das Ganze lebt in mir."

📑 Zitat

„Spiritualität beginnt, wenn wir aufhören, das Besondere zu suchen – und das Wesentliche erkennen."
– Eckhart Tolle

🔄 Mini-Challenge

Wähle heute eine ganz gewöhnliche Alltagshandlung – Zähneputzen, Wäsche falten, Tee trinken – und tu sie mit voller

Präsenz.
Spür: Das ist Leben. Das ist Verbindung.

🦋 Tag 90: Vertrauen ins Leben vertiefen

Vertrauen ist kein fester Zustand.
Es ist ein immer wieder neu gewählter Schritt.
Ein inneres Loslassen, obwohl der Verstand festhalten will.
Ein Ja, obwohl das Außen vielleicht ein Nein ruft.

Vertrauen bedeutet nicht, dass du keine Angst mehr hast.
Es bedeutet: Ich höre die Angst – und wähle trotzdem den
nächsten Schritt. Ich glaube nicht blind – aber ich öffne mich.
Ich lasse zu, dass ich nicht alles steuern muss, um sicher zu sein.

Für viele Frauen ist Vertrauen mit Enttäuschung verknüpft.
Vielleicht hast du vertraut – und wurdest verletzt.
Vielleicht hast du auf etwas gehofft – und es kam anders.
Vielleicht hast du dich selbst verlassen, weil du einem anderen
mehr geglaubt hast als deiner inneren Stimme.

Aber genau deshalb ist Vertrauen so kraftvoll, wenn es reif wird.
Nicht naiv.
Nicht idealistisch.
Sondern getragen. Ehrlich. Durchlebt.

Heute darfst du in dich hineinspüren:
Wem oder was misstraue ich – und was wäre, wenn ich dort
sanft neues Vertrauen wagen würde?

Nicht alles wird sich sofort ändern.
Aber dein Inneres wird freier.
Dein Herz wird ruhiger.
Dein Körper wird weicher.

Vertrauen ist ein innerer Halt – selbst, wenn das Außen
schwankt.

✍ Übung: Halbzeit – Deine Reise würdigen

Was bedeutet Vertrauen für mich – ganz ehrlich?

Was bräuchte ich, um heute ein Stück Vertrauen
zurückzugewinnen – in mich, in das Leben, in das Gute?

„Ich bin bereit, das Leben wieder zu umarmen – auch wenn ich
es nicht kontrollieren kann."

📄 Zitat

„Vertrauen heißt, dem Fluss zu folgen – selbst wenn ich das Ziel
nicht sehe."
– Anselm Grün

🔄 Mini-Challenge

Lass heute eine kleine Kontrolle los.
Sag: Ich vertraue.
Und beobachte, wie dein Inneres darauf reagiert.
Spür: Wie fühlt sich Vertrauen im Körper an?

Tag 91: Gebet, Meditation oder Präsenz?

Spirituelle Praxis muss nicht spirituell aussehen.
Du musst nicht im Schneidersitz sitzen.
Nicht wissen, wie man meditiert.
Was zählt, ist: Bist du anwesend?

Gebet ist Beziehung.
Meditation ist Beobachtung.
Präsenz ist Entscheidung.
Und alle drei führen dich in den Moment.

Gebet ist nicht nur ein Bitten – es ist ein Erinnern:
Ich bin Teil eines größeren Ganzen.
Meditation ist nicht Leere – sie ist ein Raum für das, was du sonst
überhörst.
Präsenz ist kein Ziel – sondern das, was geschieht, wenn du
aufhörst, dich zu zerteilen.

Heute darfst du ausprobieren, was dich wirklich zurück in den
Moment bringt.
Vielleicht ist es der Atem.
Vielleicht ein Satz.
Vielleicht das Sitzen in Stille.
Vielleicht Schreiben. Gehen. Lauschen.

Wichtig ist nicht die Methode – sondern deine Haltung darin.
Du kannst nicht, nicht spirituell sein – aber du kannst wählen was
zu dir passt.

✍️ Übung: Halbzeit – Deine Reise würdigen

Was habe ich bisher über spirituelle Praxis geglaubt?
Was passt zu mir – ehrlich, stimmig, leicht?

Wie würde meine eigene, persönliche Form von Verbindung
aussehen?

„Ich erlaube mir, meine Form zu finden – und nenne sie heilig."

📃 Zitat

„Es gibt so viele Wege zu Gott, wie es Menschen gibt."
– Rumi

🔁 Mini-Challenge

Schaffe dir heute fünf Minuten bewusste Verbindung.
Egal wie.
Tu es nicht, um „besser" zu werden – sondern, um mehr da zu
sein.

Tag 92: Zeichen erkennen & Intuition vertiefen

Manchmal flüstert das Leben.
Ein Wort im richtigen Moment.
Ein Lied, das dich trifft.
Ein Blick, der dich spiegelt.
Es sind keine Zufälle – es sind Einladungen.

Intuition ist nicht laut.
Sie ist nicht beweisbar.
Aber sie ist da – klar, direkt, unmissverständlich, wenn du lernst,
ihr zu vertrauen.

Viele Frauen spüren viel – und haben gelernt, es zu ignorieren.
Sie übergehen ihre Impulse, weil sie nicht logisch sind.
Weil sie „nicht sicher" wirken.
Doch Intuition ist Körperwissen. Seelenresonanz.
Herzverbindung.
Wenn du sie kultivierst, findest du einen inneren Kompass,
der klarer ist als jede Strategie.

Und Zeichen?
Das Leben spricht.
Nicht immer mit Worten.
Manchmal mit Zufällen.
Mit Träumen. Mit einer plötzlichen Klarheit.
Und du darfst lernen, zuzuhören.

Heute geht es nicht ums Deuten – sondern ums Empfangen.

✍ Übung: Halbzeit – Deine Reise würdigen

Wann habe ich meiner Intuition vertraut – und es war gut?

Was habe ich über „Zeichen" gelernt – und was glaube ich wirklich?

Wie könnte ich heute meine Intuition bewusst stärken?

„Ich höre zu – und vertraue dem, was ich spüre."

📑 Zitat

„Die Intuition ist eine göttliche Gabe. Der Verstand ist ihr Diener."
– Albert Einstein

🔁 Mini-Challenge

Wähle heute ein Thema, bei dem du dich intuitiv leiten lässt. Triff eine kleine Entscheidung nur aus dem Bauchgefühl heraus – und spür:
Was verändert sich, wenn ich mir selbst glaube?

Tag 93: Dankbarkeit – die Kraft der stillen Fülle

Dankbarkeit ist kein „positives Denken".
Sie ist auch kein Schönreden, kein Verdrängen, kein Zuckerguss
auf dem Schmerz.
Wahre Dankbarkeit ist ein inneres Erkennen:
Auch wenn nicht alles perfekt ist, ist doch so viel da.
Ich bin versorgt, getragen, lebendig.

Inmitten all der Aufgaben, Fragen, Zweifel und Wünsche bleibt
oft unbemerkt, was schon wirkt.
Was schon trägt.
Was schon Antwort ist – in leiser Form.

Dankbarkeit ist kein Gefühl, das man haben muss.
Es ist eine Praxis.
Etwas, das wächst, wenn du beginnst, den Blick bewusst zu
lenken.
Vom Mangel zur Fülle.
Von der Erwartung zum Erleben.

Heute darfst du stehen bleiben.
Nicht, um zu analysieren.
Sondern um zu sehen: Was ist da?
Was funktioniert?
Was war Geschenk – auch wenn es zuerst nach Prüfung aussah?

Dankbarkeit öffnet dich.
Sie macht dich weich.
Und sie erinnert dich daran:
Du lebst. Jetzt. Und das ist ein Wunder.

✐ Übung: Halbzeit – Deine Reise würdigen

Wofür bin ich heute – ganz konkret – dankbar?
In mir. Im Außen. In Begegnung.

Wähle drei Dinge und beschreibe sie bewusst ausführlich.
Nicht nur „Gesundheit", sondern: „Dass mein Körper mich heute
schmerzfrei getragen hat."

„Ich bin reich – weil ich sehen kann, was schon da ist."

📄 Zitat

„Es sind nicht die glücklichen Menschen, die dankbar sind – es
sind die dankbaren Menschen, die glücklich sind."
– Francis Bacon

🔄 Mini-Challenge

Schreibe heute einen Dankesbrief – an das Leben.
Oder an jemanden, der dich geprägt hat.
Du musst ihn nicht abschicken. Nur fühlen. Schreiben. Atmen.

〰 Tag 94: Der Tanz mit der Ungewissheit

Das Leben ist nicht kontrollierbar.
Und das ist oft beängstigend.
Denn wir wollen wissen. Planen. Sichern.
Aber das Leben – lebt.
Es fließt, dreht, überrascht, entzieht sich.

Ungewissheit ist kein Fehler im System.
Sie ist das System.
Und sie ist nicht dein Feind.
Sie ist ein Feld voller Möglichkeiten.
Nicht leer – sondern offen.

Viele Frauen halten sich zurück, weil sie „mehr wissen müssen".
Doch Wissen ersetzt nicht den Mut.
Und Kontrolle ersetzt nicht Vertrauen.

Heute darfst du üben, mit dem Unbekannten zu tanzen.
Nicht widerwillig – sondern neugierig.
Nicht starr – sondern beweglich.
Denn genau dort, wo du dich dem Leben zeigst, wie du bist,
beginnt es, dich neu zu führen.

✍ Übung: Halbzeit – Deine Reise würdigen

Welche Bereiche in meinem Leben sind gerade offen, ungeklärt, im Wandel?

Wie spreche ich innerlich über diese Ungewissheit – mit Angst oder mit Offenheit?

„Ich öffne mich dem, was ich noch nicht kenne – weil ich mir selbst vertraue."

📄 Zitat

„Ungewissheit ist der fruchtbarste Boden für alles, was wachsen will."
– Pema Chödrön

🔄 Mini-Challenge

Tu heute etwas, ohne das Ergebnis zu kennen.
Etwas Neues. Spontanes.
Und beobachte nicht, was dabei herauskommt – sondern, was in dir lebendig wird.

🔥 Tag 95: Übergangsrituale – bewusst abschließen, neu beginnen

Übergänge brauchen Bewusstheit.
Nicht nur die großen im Leben – auch die kleinen:
Von einer Rolle zur nächsten.
Von einer Entscheidung zur nächsten.
Vom Alten zum Neuen.

Ein Ritual ist kein Zaubertrick.
Es ist ein innerer Raum, den du betrittst.
Ein Moment, in dem du innehältst und sagst:
Ich bin da. Ich sehe, was war. Ich ehre, was kommt.

Oft gleiten wir weiter – ohne zu spüren, dass wir etwas
zurücklassen.
Ein Übergangsritual schenkt dir Klarheit. Würde. Verbindung.
Es ist ein bewusstes JA. Oder ein würdiges NEIN.
Es ist ein Atemzug zwischen zwei Leben.

Heute darfst du gestalten.
Deinen eigenen Raum für Übergang.
Keine Regeln. Kein Dogma.
Nur Bewusstsein.

 Übung: Halbzeit – Deine Reise würdigen

Welchen Übergang erlebe ich gerade – in mir, im Leben, im Sein?

Was will ich verabschieden? Was will ich willkommen heißen?

Gestalte symbolisch dein eigenes Übergangsritual:
Schreiben, Kerze, Natur, Tanz, Loslassen.
Fühl dich frei – aber geh hindurch.

„Ich wandle mich – bewusst, mit Würde, mit offenem Herz.“

📖 Zitat

„Rituale heilen den Riss zwischen Innen und Außen, zwischen
Gestern und Morgen.“
– Marion Woodman

🔄 Mini-Challenge

Nimm dir heute 10–15 Minuten für ein ganz bewusstes Mini-
Ritual.
Zieh dich zurück. Lass gehen. Und empfange.

Tag 96: Deine Quelle stärken – Was dich nährt

Du kannst viel geben.
Halten. Tragen. Heilen. Inspirieren.
Aber nur, wenn du auch nachfüllst.
Wenn du deine Quelle kennst – und ihr treu bleibst.

Deine Quelle ist das, was dich nährt, ohne dass du leisten musst.
Was dich erinnert, wer du bist.
Was dich zurückbringt – wenn du dich verlierst.

Viele Frauen verlieren ihre Quelle, weil sie so viel im Außen sind.
Doch du bist eingeladen, zurückzukehren.
Täglich. Still. Echt.

Heute geht es darum:
Was tut mir wirklich gut – nicht als Ablenkung, sondern als
Rückverbindung?

✍ Übung: Halbzeit – Deine Reise würdigen

Woran merke ich, dass ich bei mir bin – genährt, klar,
verbunden?

Was bringt mich dort hin? Was raubt mir Energie?

Wie kann ich heute meine Quelle bewusst nähren?

„Ich ehre meine Quelle – und schöpfe aus ihr."

 Zitat

„Du kannst nicht aus einem leeren Gefäß schenken."
– Eleanor Brown

⟳ Mini-Challenge

Tu heute eine Sache nur für deine Quelle.
Nicht, um zu funktionieren – sondern um wieder du zu sein.

🌀 Tag 97: Integration – Aus Erkenntnis wird Verkörperung

Du hast viel bewegt.
Gefühlt. Reflektiert. Geheilt. Entdeckt.
Du bist durch Tiefen gegangen, hast dich erinnert, losgelassen, neu formuliert.
Doch Transformation endet nicht mit der Erkenntnis.
Sie beginnt, wenn du beginnst, anders zu leben.

Integration heißt nicht, dass du „fertig" bist.
Es heißt: Ich nehme das, was ich erkannt habe, mit in meinen Alltag.
Ich spüre, was ich weiß.
Ich handle aus dem, was ich fühle.

Das, was du in diesen bisherigen Tagen berührt hast, will nicht nur behalten werden –
es will verkörpert werden.
In deiner Stimme. In deinen Entscheidungen. In deinem Tempo.

Und dabei musst du nicht „konstant" sein.
Nur verbunden.
Immer wieder.
Sanft. Ehrlich. Echt.

✍️ Übung: Halbzeit – Deine Reise würdigen

Welche Erkenntnisse aus dieser Reise sind mir besonders nahegegangen?

Wie möchte ich sie leben – konkret, im Alltag?

Was verändert sich, wenn ich aufhöre, mich zu „entwickeln" – und beginne, zu verankern?

„Ich trage alles, was ich bin – und lebe es Schritt für Schritt."

📜 Zitat

„Es geht nicht darum, mehr zu wissen. Es geht darum, anders zu sein."
– Marion Woodman

🔄 Mini-Challenge

Wähle eine Wahrheit aus den letzten 96 Tagen – und lebe sie heute ganz bewusst.
Im Gespräch, in einer Entscheidung, in deinem Blick.
Nicht für andere. Für dich.

Tag 98: Rückschau mit Herz – Was geblieben ist

Es ist Zeit, zurückzuschauen.
Nicht, um zu bewerten.
Nicht, um „wie weit" du gekommen bist.
Sondern, um zu sehen: Was hat sich verwandelt?

Vielleicht bist du sanfter mit dir geworden.
Klarer in deinen Beziehungen.
Wacher im Körper.
Ehrlicher in deinen Worten.
Vielleicht hast du dich getraut, etwas loszulassen.
Oder zu fühlen, was lange verdrängt war.
Vielleicht hast du dich ein kleines Stück mehr gesehen.

All das zählt.
Alles, was sich bewegt hat, gehört zu dir.
Und alles, was geblieben ist, wurde tiefer.

Heute ist ein Tag für Würdigung.
Für innere Verneigung.
Für den Satz: „Ich bin stolz auf mich – nicht, weil ich perfekt war,
sondern weil ich gegangen bin."

Was hat sich in mir verändert?
Was trage ich jetzt klarer, bewusster, lebendiger in mir?

Was habe ich losgelassen – und was habe ich neu empfangen?

„Ich würdige meinen Weg – mit allen Licht- und Schattenseiten."

📄 Zitat

„Wir müssen unseren Weg nicht kennen – nur würdigen, dass wir ihn gehen."
– Unbekannt

🔄 Mini-Challenge

Blättere heute zurück.
Lies alte Einträge, Erinnerungen, Erkenntnisse.
Und dann: Schreib dir selbst einen kurzen Brief.
Von dir – an dich.
Aus Liebe. Aus Stolz. Aus Wahrheit.

🪶 Tag 99: Der nächste Schritt – aus dir heraus

Du stehst an der Schwelle.
Kein Ende – ein Übergang.
Kein Abschluss – ein Aufbruch.

Die Frage ist nicht: Was soll ich tun?
Sondern: Was ruft mich?
Was in mir ist bereit, ins Leben zu treten?

Vielleicht ist es ein Projekt.
Ein Gespräch.
Ein neues Ja.
Ein klares Nein.
Vielleicht ist es nicht laut – sondern leise.
Nicht äußerlich – sondern innerlich.
Und trotzdem: es ist echt.

Heute geht es nicht um einen Plan.
Sondern um einen Schritt aus deiner Mitte.
Ohne Druck. Ohne Perfektion.
Nur mit Herz.

✍️ Übung: Halbzeit – Deine Reise würdigen

Was in mir ist bereit, sichtbar zu werden?

Was will ich mitnehmen – konkret – aus dieser Reise?

Was ist mein nächster, klarer, kleiner Schritt?

„Ich gehe weiter – aus mir heraus."

 Zitat

„Der nächste Schritt muss nicht groß sein – nur ehrlich."
– Anne Lamott

🔄 Mini-Challenge

Tu heute etwas, das dich in Bewegung bringt.
Schreib. Sprich. Entscheide. Handle.
Nicht symbolisch – sondern echt.
Ein kleiner Schritt. Ein lebendiges Ja.

🧏 Tag 100: Weiblichkeit & Freiheit – die Rückkehr zu dir

Du bist Frau.
Und das ist kein Konzept.
Keine Rolle. Keine Form.
Es ist ein inneres Feld.
Ein Raum, der fühlt, fließt, wechselt, tanzt.
Der empfangen kann – und wirken.
Der weise ist – und wild.

Weiblichkeit ist nicht „sanft".
Sie ist auch Wut. Tiefe. Kraft.
Sie ist Intuition, Körperwissen, Zyklus, Hingabe.
Sie ist Chaos und Klarheit zugleich.
Und in ihr liegt deine größte Freiheit:
Du musst nichts beweisen, um ganz zu sein.

Weibliche Freiheit heißt:
Du darfst fühlen.
Du darfst Nein sagen.
Du darfst weich sein – und stark.
Du darfst deine Form verändern.
Du darfst dich mit deinen Finanzen und deiner finanziellen
Unabhängigkeit befassen.
Und du darfst deine Stimme hören.

Heute schließt sich ein Kreis.
Aber nicht, um zu enden – sondern um vollständig zu werden.

✍ Übung: Halbzeit – Deine Reise würdigen

Was bedeutet Weiblichkeit für mich – jenseits von Klischees und Erwartungen?

Wann fühle ich mich frei – in meinem Körper, meinem Ausdruck, meinem Leben?

Wie möchte ich meine Freiheit leben – bewusst, klar, weiblich?

„Ich bin frei – weil ich mir selbst erlaube, ich zu sein."

📋 Zitat

„Frei ist, wer sich selbst gehört."
– Simone de Beauvoir

🔄 Mini-Challenge

Feiere dich heute.
Ganz bewusst.
Tanz. Sing. Schreib. Sei still.
Tu etwas, das deine weibliche Freiheit verkörpert.
Für dich. Aus Liebe. Aus Kraft.

 NACHWORT

100 Tage später – und alles ist in dir.

Wenn du bis hierher gelesen, gefühlt, geschrieben, gespürt hast,
dann hast du nicht nur ein Buch durchlaufen –
du hast einen Kreis vollendet.
Einen Kreis, der dich nicht festhält, sondern dich freigibt – in ein
neues Bewusstsein.

Vielleicht hast du nicht alle Übungen gemacht.
Vielleicht bist du gesprungen, stehen geblieben, wieder
eingestiegen.
Und vielleicht hat gerade das diesen Weg so lebendig gemacht.

Es ging nie um Leistung.
Nie um Vollständigkeit.
Es ging immer nur um Dich.

Dieses Buch endet – aber dein Weg geht weiter.
Mit mehr Klarheit.
Mehr Verbindung.
Mehr Ja zu dir.

Ich wünsche dir, dass du dich immer wieder erinnerst:
„Wie willst du sein? Wie willst du wirken?
Wie willst du es haben"?
Und du bist frei, dir selbst zu vertrauen.

Härzlich
Sarah

 Für deinen weiteren Weg

Du hast 100 Tage lang in dich hineingehorcht, geschrieben,
gefühlt, erkannt, losgelassen, empfangen.
Vielleicht spürst du nun: Etwas ist in Bewegung.
Vielleicht bist du noch auf dem Weg, vielleicht hast du etwas
gefunden – vielleicht auch dich selbst ein Stück mehr.

Manche Themen wollen vertieft werden.
Manche Stimmen können dich dabei begleiten.
Daher findest du hier eine kleine, sorgfältig ausgewählte
Sammlung von Büchern und Autorinnen,
die wie stille Gefährtinnen weiter mit dir gehen können.

♡ Selbstwert & Verletzlichkeit

Brené Brown – Die Gaben der Unvollkommenheit
Glennon Doyle – Ungezähmt

Weiblichkeit & innere Tiefe

Clarissa Pinkola Estés – Die Wolfsfrau
Marion Woodman – The Pregnant Virgin
Simone de Beauvoir – Das andere Geschlecht

☽ Spiritualität & Achtsamkeit

Tara Brach – Radikale Selbstannahme
Pema Chödrön – Wenn alles zusammenbricht
Thich Nhat Hanh – Du bist das Licht

🔥 Berufung & Kreativität

Barbara Sher – Wünsch dir was, aber richtig!
Julia Cameron – Der Weg des Künstlers

✨ Poesie & Inspiration

Rumi – Ich bin Wind und Du bist Feuer
Maya Angelou – Ich weiß, warum der gefangene Vogel singt

Nimm mit, was dich ruft.
Lass, was (noch) nicht passt.
Und wisse:
Der Weg beginnt nicht mit diesem Buch –
aber vielleicht hast du dich auf ihm ein Stück tiefer erinnert.

Möge dein Weg dich weiter führen.
Möge deine Wahrheit dich leiten.
Mögest du dich immer wieder selbst erkennen.